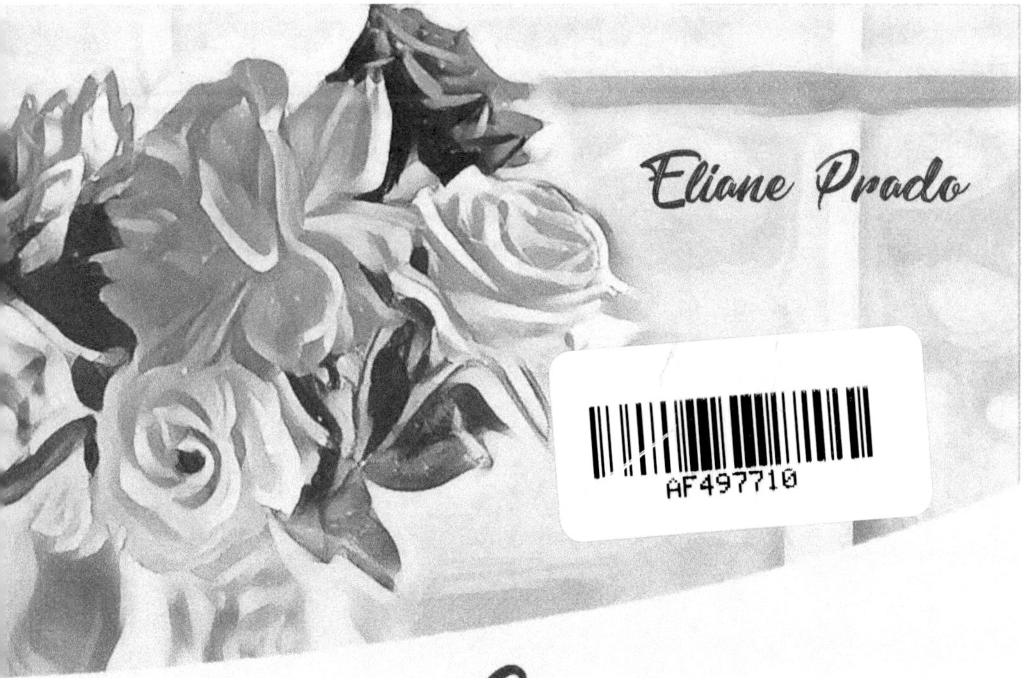

Eliane Prado

Lições Preciosas

Texto e Contexto
EDITORA

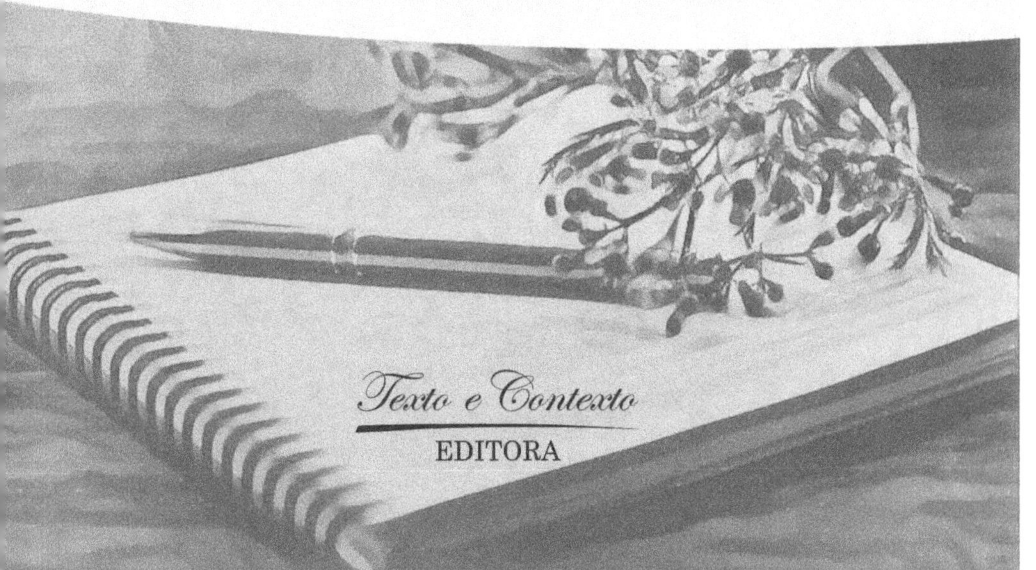

Lições Preciosas

Texto e Contexto Editora

Revisão
Karla Neumann (UEM)

Capa
Dyego Marçal

P331   Prado, Eliane
        Lições Preciosas. Ponta Grossa : Texto e Contexto, 2021.
        1653KB; MOBI

        ISBN : 978-65-88461-28-0

        1. Crônicas. 2. Cotidiano. 3.Família. I. T.

                                        CDD: 869.4

PDF gerado a partir de arquivo MOBI, o qual possui alinhamentos, espaçamentos e acabamentos específicos.

TEXTO E CONTEXTO EDITORA
CNPJ 28228473/0001-60
Roseneia do Rocio Prestes Hauer - MEI
Rua Eduardo Bonjean, 375 - Uvaranas
CEP 84030010 - Ponta Grossa - Paraná
(42) 32269464 | (42) 988834226
www.textoecontextoeditora.com.br
textoecontexto.editora@gmail.com

Lições Preciosas

DEDICATÓRIA

Dedico esse livro a você, Jocimar Prado, que é um pai extraordinário e sabe ser pai, como quem não soubesse ser outra coisa tão divinamente! Você, com sua compreensão, paciência e, principalmente, por esse amor tão transparente, tão lindo, tão grande e valoroso! Você que sempre segurou minha barra... Me deu força, às vezes foi duro comigo... Às vezes mole demais... Alguns dias secou minhas lágrimas, outros me fez chorar (de emoção)... Esteve ao meu lado todo o tempo e em momento algum me deixou sequer pensar em desistir... Meu marido... Presente de Deus na Minha vida.

SUMÁRIO

CAPÍTULO I: FAMÍLIA

CAPÍTULO II: SER PROFESSORA

CAPÍTULO III: LIÇÕES DA VIDA QUE NÃO SE APRENDE NA ESCOLA

SOBRE A CAPA DO LIVRO

Nós donas de casa, sempre tiramos um dia da semana para faxinar, colocar tudo em ordem o que não foi feito durante a semana.

Dizem que o nosso lar é uma extensão do nosso próprio EU. Ele é o nosso refúgio, o local onde relaxamos e descansamos, em meio a correria de nosso dia a dia. Desta forma, cada detalhe deve ser pensado com carinho. Então ao término da limpeza, vou até meu jardim colho minhas rosas, faço um arranjo e coloco sobre a mesa, indicando que minha casa está toda limpa e cheirosa.

Quando olho para meus arranjos que tem rosas de várias cores, compreendo que assim é a minha família, cada um com sua nuance, seu jeito de ser, que se completam porque foi plantado com amor em um jardim com solo fértil, com raízes fortes, que cultivamos e cuidamos constantemente.

Minha família é o bem mais precioso, por isso tenho que nutrir, regar com amor todos os dias pois minha família é base do reflexo do que me tornei.

Como essas rosas, minha família não nasceu pronta, foi construída aos poucos, regando, podando, não deixando ervas daninhas estragar as raízes. É acreditando nas rosas que as fazemos desabrochar, e acreditar é amar, é inexplicável o amor verdadeiro que une uma família e a faz feliz.

Como diz Rubem Alves " Todo jardim começa com um sonho de amor. Antes que qualquer árvore seja plantada ou qualquer lago seja construído, é preciso que as árvores e os lagos tenham nascido dentro da alma. Quem não tem jardins por dentro, não planta jardins por fora e nem passeia por eles..."

Minha família era um sonho de amor, foi nascendo dentro de minha alma e se transformou em um lindo jardim. Por isso a ideia da capa do meu livro ser um arranjo de flores que representa minha família que é a base do reflexo que me tornei.

INTRODUÇÃO

Esse livro surgiu quando, um dia desses, estava passando o dever de casa para meus alunos e me lembrei do poema "O Tempo", de Mario Quintana, quando o sujeito lírico fala que **"A vida é o dever que nós trouxemos para fazer em casa"**, ou seja, a vida é vivida com obrigação, servindo como um exercício para o aprendizado, que muitas vezes tem que ser feito, não é algo prazeroso e desejável que ocasionalmente vai sendo deixado para depois, até não podermos fazê-lo no tempo certo.

É assim que agimos em nossas vidas com nossos desejos e vontades. Mas, a vida, apesar de ser como um dever de casa, não temos uma segunda chance, não podemos repeti-la, como acontece com a formação escolar. Na vida, o tempo não nos reprova, porque ele não se repete. Não é possível voltar atrás.

Um dos atores mais famosos do cinema dos Estados Unidos, Charlie Chaplin, diz: **"Já perdoei erros quase imperdoáveis, tentei substituir pessoas insubstituíveis e esquecer pessoas inesquecíveis. Já fiz coisas por impulso já me decepcionei com pessoas quando nunca pensei me decepcionar, mas também decepcionei alguém. Já abracei para proteger, já dei risada quando não podia, fiz amigos eternos, amei e fui amado, mas também fui rejeitado, fui amado e não amei. Já gritei e pulei de tanta felicidade, já vivi de AMOR e quebrei a cara muitas vezes! Já CHOREI**

ouvindo música e vendo fotos, já liguei só para ouvir a voz, me apaixonei por um sorriso, já pensei que fosse morrer de tanta saudade, tive medo de perder alguém especial (e acabei perdendo)! Mas vivi! Viva! Não passo pela vida... você também não deveria passar! Bom mesmo é enfrentar com determinação, abraçar a vida e viver com paixão, perder com classe e vencer com ousadia, porque o mundo pertence a quem se atreve e a vida é muito para ser insignificante".

A vida é mesmo uma grande escola, onde estamos em constante aprendizagem, recheada de aventuras de tristezas e alegrias, é onde aprendemos sobre valores, moral, ética, respeito; nessa grande escola é que conquistamos sabedoria, amadurecimento, onde buscamos todos os dias a nossa evolução.

É nessa grande escola que aprendemos que não é o tempo que cura as feridas, mas o amor; que não podemos escolher o que sentimos, mas temos a livre escolha do que fazer a respeito. Aprendemos que a vida muda, quando decidimos mudar. A maneira como encaramos a vida é que faz toda diferença.

Capitulo I
FAMÍLIA

FAMÍLIA: O GRANDE LABORATÓRIO DO AMOR

Num determinado grupo foi perguntado para alguém definir o que é família. Responderam: **"Família é um grupo de pessoas que possuem a mesma chave para entrar em casa"**. Não é verdade, família é mais que isso. É a nossa condição humana, é tudo o que aprendemos e passamos uns para os outros, é lá que tudo acontece, é onde construímos uma sociedade estruturada, saudável e equilibrada. É a base. E se a base for desestruturada, automaticamente estaremos construindo uma sociedade doente e desiquilibrada.

É na família que a criança aprende, não só através do discurso, mas pelo modo como os adultos praticam o seu cotidiano, vendo os pais falarem de acordo com aquilo que fazem, agirem de acordo com aquilo que ensinam. **"Exemplos e atitudes ensinam o tempo todo, a criança pode esquecer o que os pais falam, mas sempre se lembram do que os pais fazem"**.

Um gesto de amor pode levar a criança a olhar o mundo, a vida, com alegria, e refletir o amor dos pais. As crianças são como espelhos, refletem, mas não iniciam o amor. Se recebem amor, retribuem; se não recebem, não têm nada a retribuir.

É em família que as crianças e os adolescentes vão aprender a respeitar a existência humana, pois a relação

14

que os pais tem com os filhos determina a relação que os filhos
terão com as pessoas, com a vida, com o mundo. E a forma com
que os pais lidam com isso é séria e perigosa: séria porque é este
fator que conduzirá a vida da criança e determinará o seu futuro; perigosa porque os pais têm duas opções para escolher e se
não for a melhor escolha, pode significar infelicidade. Os pais
têm opções, os filhos têm apenas o que os pais decidem por eles.

Muitos pais acham que cuidar da alimenta-
ção, das vestimentas e da educação e desejar o melhor para seus
filhos já são, por si, demonstração de amor. Mas, será que amar
e desejar o melhor são o suficiente para que as crianças sejam
felizes? Qual a qualidade desse amor? O que significa desejar o
melhor? Será que é realmente melhor para a criança ?

A maior dificuldade para as famílias é con-
seguir transformar a "vivência familiar" num espaço de aprendizagem, de ternura, autenticidade, fidelidade e compromisso
com a vida. Isso porque estão se esquecendo que a família é pra
ser um lugar de benção, da graça de Deus.

Quando falta Deus na família, falta abso-
lutamente tudo para a família ser lugar de bênção de Deus,
não precisa de muita coisa. Como diz o poeta: **"Pequenos
detalhes fazem um grande amor"**. Um grande amor não
é feito de grandes coisas, pois qualquer um pode fazer grandes
coisas, tanto para o bem quanto para o mal. Porém, fazer cada
dia pequenas coisas, de modo excepcionalmente excelente, só
quem tem o Espírito de Deus; do contrário, não consegue.

É na família que se aprende a amar, sem
medo. A família é o ambiente mais apropriado para as maravilhosas experiência de amor. É onde comemoramos cada novo
acontecimento, cada conquista. É ter preocupações, mas com
matizes diferentes. É onde aprendemos que cada um tem seu
jeito de ser. É nesse grande laboratório de amor que construímos o nosso fundamento, a base do nosso futuro!

FILHOS SÃO PEDAÇOS DE NÓS

Nossos pedaços formam nossos filhos, nosso maior feito. Eles são nosso legado, a perpetuação de quem somos e fomos. Portanto, somos responsáveis pelas marcas que eles levarão para o resto da vida.

Somos formadores de opinião e de caráter para eles, criamos nossos filhos para serem iguais, melhores ou piores que nós, ou seja, é do nosso comportamento que eles dependem. O modo como educamos nossos filhos diz muito sobre nós! A forma como transmitimos nossos valores diz muito sobre nossa forma de ser e de exercer nosso papel de pais.

Como diz Carlos Gonzalez no livro *Besame Mucho*:

Como criar seus filhos com amor. Os dias mais felizes da nossa infância são aqueles nos quais nossos pais (ou nossos avós, irmãos ou amigos) nos fizeram felizes. Mesmo quando parece que o que nos fez feliz foi o trem elétrico. Se olharmos melhor, sempre têm pessoas por trás. Os pais que nos deram o presente, o sorriso ou elogio, o irmão com quem dividimos, nem sempre com boa vontade. Os dias mais felizes do seu filho estão por vir, depende de você.

A maior riqueza que podemos deixar para nossos filhos é uma vida regada de bons exemplos. Somos reflexos na vida dos nossos filhos. Se o reflexo não for de coisas boas, não podemos exigir coisas boas mais tarde. Nós, pais, somos um pouquinho da vida de nossos pais e avós e, consequentemente, nossos filhos são pedaços de nós, daquilo que somos, pensamos e sentimos.

16

PAI, ESPELHO PARA O FILHOS

Quando observo as brincadeiras de meus filhos com o pai, muitas vezes, vejo com surpresa a fiel representação daquilo que, sem perceber, meu marido costuma fazer. Até a maneira de falar, gesticular ou de se comportar é fielmente reproduzida por eles.

O pai é um modelo para eles. Na família que aprenderam, não apenas com discurso, mas pelo modo como viram seu pai praticar em seu cotidiano, vendo o pai falar de acordo com aquilo que fazia, agir de acordo com aquilo que ensinava, porque os filhos são como um reflexo no espelho de seus pais.

Esta geração está precisando, desesperadamente, de modelos. É no lar que os pais têm a oportunidade de serem exemplos vivos para a vida de seus filhos, suprindo a lacuna da ausência de referenciais na sociedade.

Como pai, sua figura será, provavelmente, o maior exemplo, ponto de referência e porto seguro que seu filho irá ter na vida, pois tem em sua mente que seu pai é super-herói e que deve ser igual.

Seu filho o admira e o vê como seu próprio espelho, onde pode observar seu reflexo quando fica em dúvida sobre algo; aí está o desafio e o esforço de ser pai. Um bom pai demonstra qual o caminho certo a se percorrer e o demonstra através de sua própria vida, os exemplos que vão moldar o seu caráter.

O caráter pode se manifestar nos grandes momentos, mas ele é formado nos pequenos, por isso cabe ao pai escolher se o exemplo a ser seguido será bom ou ruim, porque a palavra convence, mas o exemplo arrasta. O famoso escritor H. Jackson Brown disse: "Viva de tal modo que quando seus filhos pensem em justiça, carinho e integridade, pensem em você".

PAI, a força dessa simples palavra abrange todo amor do mundo, pai é o porto seguro de amor do seu filho, pois o propósito de Deus para sua família é que seja para seus filhos um reflexo do amor de Deus. Cada atitude sua deve transmitir os valores corretos, para que a sua descendência seja abençoada e saiba como viver a vida de forma que agrada a Deus.

Então, **seja o que você espera de seu filho**. O seu caminhar com Deus vai definir os rumos da sua família. Ser PAI é um privilégio! Na paternidade, o homem exerce sua semelhança com Deus, com totalidade, desfrutando de alegrias e prazeres que só um pai segundo o coração de Deus conhecerá.

O QUE FAZEMOS OU DEIXAMOS DE FAZER POR NOSSOS FILHOS VAI DETERMINAR A RELAÇÃO QUE TEREMOS COM ELES NO FUTURO

O psicólogo H. Hallow, da universidade de Winsconsim Madison, E.U.A, fez um experimento muito interessante usando duas "mães" macacas substitutas das mães verdadeiras.

Uma tinha forma cilíndrica de arame, com uma cabeça de madeira, a outra também de arame, mas revestida com um pano peludo. Ambas ficavam lado a lado, separadas apenas por uma divisória. Os oito macaquinhos recém-nascidos eram de verdade e ficavam em gaiolas individuais, cada um com igual acesso à "mãe de arame" ou à "mãe envolvida em pano".

Quatro dos bebês recebiam leite de uma das mães e os outros quatro de outra mãe. As duas mães de material provaram ser fisiologicamente equivalentes. Os macaquinhos dos dois grupos bebiam o mesmo volume de leite e engordavam ao mesmo ritmo. Entretanto, ficou provado que, psicologicamente, estavam longe de se equivalerem.

Os registros dos cientistas mostraram que ambos os grupos de bebês passavam muito mais tempo nas costas e agarrados às suas "mães" macias e peludas do que na mãe só de arames.

Depois, os cientistas tiraram o leite da mãe de pano e deixaram só na mãe de arame, os macaquinhos se alimentavam na mãe de arame, mas, rapidamente, corriam para junto da mãe de pano. A mãe de arame só servia para amamentar, porque os filhotes não se sentiam aconchegados junto a ela, preferindo a mãe de pano macio. Assim, constatou-se que, diante de situação de perigo, os macaquinhos corriam para a mãe de pano, buscando nela segurança e conforto.

Esse experimento demonstra que, para a formação do vínculo afetivo entre mãe e filho, o contato corporal e o conforto imediato proporcionado por ele são mais importantes que a própria alimentação.

A alimentação é importante também, mas o vínculo afetivo é mais significativo para o psiquismo da criança. O vínculo afetivo é fundamental para o desenvolvimento de uma personalidade bem estruturada, mais segura de si, sadia.

A comida está para o corpo, assim como o carinho, o aconchego e o amor estão para a formação da psique, pois, é nos primeiros momentos de vida que o bebê acaba enxergando na própria mãe uma imagem de si mesmo. Então, se a mãe for carinhosa e amorosa, o bebê se sentirá amado, protegido e seguro, e, consequentemente, aprenderá que é amável tanto quanto é amado.

É a mãe quem primeiro representa o mundo onde seu bebê irá viver. Por isso, fará diferença para o desenvolvimento do bebê entre ter uma mãe que o aconchega, acaricia protege e outra que se comporta como aquela mãe de arame frio, que só dá o leite.

Penso que essas mães precisam, urgentemente, aprender a ter um colo macio. No entanto, esse problema não afeta apenas a mãe, os pais também, muitas vezes, têm um colo de arame, estão tão absorvidos no seu trabalho, na sua carreira ou no seu estudo, que esquecem ou desaprenderam de como se relacionar com os filhos, brincar com eles, dar e receber carinho dos filhos, estar em família, pois é na família que tudo acontece.

O que fazemos ou deixamos de fazer por nossos filhos vai determinar a relação que teremos com eles no futuro; vai definir como será a vida deles e a maneira como vão lidar com a vida, com a sociedade.

Cada palavra da mamãe e do papai é uma sementinha que nunca morre no coração de um filho, pois não se pode matar a semente do amor. O filho poderá não ouvir no momento, mas a boa palavra permanece lá no fundo de seu coração e, um dia, ela irá frutificar. A infância é o melhor tempo para semear.

Acredito que semear gestos simples, mas plenos de amor, poderá contribuir para que nossas famílias se fortaleçam na fé em Deus e continuem acreditando na família como espaço de formação de uma sociedade mais justa, mais fraterna e mais solidária. Como diz o poeta: "é preciso amar mais, perdoar mais, abraçar mais, pois não sabemos quanto tempo temos para respirar".

A VIDA MUDA, QUANDO "VOCÊ MUDA"

Pai e filho caminhavam por uma montanha. De repente, o menino cai e grita "Aaaaaaiii". Para a sua surpresa, escuta a voz repetir-se, em algum lugar da montanha, "Aaaaaaiii". Curioso, pergunta "Quem és?"... e recebe como resposta "Quem és?"... Contrariado, grita "Covarde!"... e a resposta é "Covarde!". Então, olha para o pai e pergunta, aflito: "O que é isso?". O pai sorri e fala: "Filho, presta atenção". E grita em direção à montanha: "Eu admiro-te"... e a voz responde: "Eu admiro-te". De novo o homem grita: "És um campeão""... e a voz responde "És um campeão".

O menino fica espantado, não entende. O pai explica: "as pessoas chamam isto de eco, mas, na verdade, isso é a vida. Ela nos dá de volta tudo o que dizemos. Nossa vida é o reflexo de nossas ações".

Muitas vezes, a nossa arrogância e a falta de respeito pelo outro torna a vida difícil para muitas pessoas, pois sempre estamos competindo uns com os outros. As nossas relações pessoais ficam estremecidas, porque cada um quer mostrar que sabe mais que o outro.

De acordo com Augusto Cury, "Vivemos numa sociedade consumista, numa sociedade de desejos, e não de projetos existenciais. Ninguém planeja ter amigos, ninguém planeja ser tolerante, superar fobias, ter um grande amor..."

Cada um encontra na vida exatamente aquilo que traz dentro de si mesmo, esquecendo que A VIDA sempre nos devolve tudo o que dizemos, tudo o que desejamos de bem e mal aos outros.

Ela certamente nos devolverá toda a ofensa, inveja, incompreensão que desejamos às pessoas que nos cercam.

O mundo é somente a prova da nossa capacidade. Tanto no plano pessoal quanto no profissional, a vida vai nos dar de volta o que dermos a ela. Para melhorar nosso mundo, é preciso melhorar o ser humano. Quando pensamos em nós mesmos, nossa mente fica restrita, pequena.

Nossa VIDA é simplesmente o reflexo das nossas ações. Se queremos mais amor, compreensão, sucesso, harmonia, fidelidade, vamos criar mais amor, compreensão, harmonia em nossos corações. Se agirmos assim, a VIDA nos devolverá felicidade, sucesso, amor das pessoas que nos cercam.

A maneira como você encara a vida é que faz toda diferença. A vida muda, quando "você muda".

AMOR E CONVIVÊNCIA SE APRENDEM

Sem dúvida, a maior alegria que existe para mim é ter encontrado a pessoa que me foi destinada por Deus! Dia 17 de fevereiro fizemos 28 anos de casados! Lembro que na cerimônia do meu casamento, o pastor nos fez a seguinte pergunta: "ANDARÃO OS DOIS JUNTOS SE NÃO ESTIVEREM DE ACORDO?"

Acordo é a base para duas pessoas andarem juntas, dois que são iguais, que traçam um critério de conduta para sua relação. Logo, entendemos que acordo é uma concordância, uma aliança, um compromisso feito entre duas partes, seria uma consonância de sentimentos e ideias.

Para chegar a um acordo, é necessário trabalhar em equipe. Duas pessoas juntas podem conseguir uma solução melhor do que se cada uma tivesse feito isso sozinha. Um acordo envolve respeito ao outro e consideração de seus pontos de vista lembrando que cada um tem um jeito, um temperamento.

É impossível que duas pessoas caminhem juntas se tem propósitos, pensamentos e metas diferentes. É impossível que haja harmonia quando cada um defende os seus interesses e vontades. Creio que o casamento é a maior oportunidade de caminharem juntos. Não pode ser cada um por si, um relacionamento de duas pessoas solitárias, mas solidárias umas com as outras.

Caminhar juntos vai além andar de mãos dadas; é olhar na mesma direção e escolher tomar o mesmo rumo; é ver o futuro que não é apenas de um, mas dos dois. Caminhar juntos não é fácil, pois somos pessoas completamente diferentes umas das outras, com vontades e   particularidades só nossas.

Caminhar juntos é uma escolha, é compreender que a pessoa que está ao seu lado tem uma história independente da sua e, também, carrega inúmeras diferenças.

Nesses 28 anos de casados, ainda estamos aprendendo juntos a rir, caminhar, decidir e compartilhar tudo. Uma relação repleta de altos e baixos que traz lições difíceis nas quais, basicamente, nem um de nós está completamente preparado. Mas, todos os dias estamos aprendendo.... com muito amor! Quando há amor, há tudo! É bem verdade que passamos por algumas crises, umas mais difíceis, outras mais banais.

Nesses 28 anos, estamos aprendendo que o amor é mais importante que tudo e que ele nos dá forças para conseguirmos ultrapassar qualquer coisa, basta querer. O amor supera frustrações e conflitos, o amor nunca desiste, ele não para no obstáculo, o amor é bondoso e conseguimos ver o melhor no outro, porque amor e convivência se aprendem.

É TÃO BOM SER MÃE! É A TAREFA MAIS SÉRIA QUE DEUS COLOCOU EM NOSSAS VIDAS

Nas redes sociais, vi que alguém postou a seguinte frase: **"É tão bom ter mãe, que Deus também quis ter uma!"**. Então, coloquei-me a pensar sobre a maternidade. Afinal, Deus chega ao mundo pelo ventre de uma mulher!

A porta de entrada para Deus encarnar-se não poderia ser outra senão no ventre de uma mulher. Por isso, a maternidade é sagrada, essa experiência humana de ser um só com outro ser humano, de carregar um ser em nosso ventre, é o mais próximo da experiência do divino que alguém possa vivenciar.

Todas as vezes que a maternidade da mulher se repete na história humana sobre a Terra, perdura a aliança que Deus estabeleceu com o gênero humano, mediante a maternidade de Maria.

Deus, em sua infinita *sabedoria,* **sabe** que o amor que sentimos pelos nossos filhos é incondicional, incalculável e que mais se aproxima do amor Dele por nós.

Sabe da nossa intuição, quando percebemos o que a razão não consegue perceber. Esse dom é aguçado ainda mais com a maternidade, quando desenvolvemos o enigmático poder de compreender o que nosso bebê deseja com um simples olhar. É essa dimensão do afeto que transcende a razão.

Sabe da sabedoria que tem uma mãe! Quando trazemos em nós toda a sabedoria do mundo, ao repartir entre nossos filhos o pão, o carinho e o nosso próprio tempo. A mulher sábia edifica sua casa. Somos a alma do nosso lar, o termômetro da nossa família.

Sabe da nossa fé! Quando temos aquela certeza de que, nossos filhos estão bem, quando saem à noite e demoram para voltar, sabemos pelo volume dos decibéis da batida do portão e, então, o barulho da maçaneta da porta é como a mais bela música tocando quando eles voltam para casa.

Sabe da nossa coragem! Quando defendemos nossos filhos, não existe demonstração de coragem maior. Se percebemos que um filho está correndo algum tipo de perigo, somos capazes de enfrentar um exército armado, sem medir as consequências, sem sentir nenhum tipo de medo. E se tivermos que fazer uma escolha entre a nossa própria vida e a do nosso filho, sem dúvida alguma, escolhemos por ele, isso é bem mais que amor! É coragem de sentir esse amor. Porque até para amar é preciso ter coragem.

ELE também ***sabe*** daquela mãe que, por um motivo que só ELE ***sabe***, não pode gerar um filho em seu ventre, pois ELE ***sabe*** que maternidade é muito mais que gestar e parir, que no coração dela há um ventre e que é capaz de amar muito mais do que imagina, é capaz de amar o que o outro gerou como se fosse dela. É um amor escolhido para acontecer, com hora marcada, dia e lugar.

ELE ***sabe*** que amar um filho gerado pelo coração é superar preconceitos, barreiras, imposições e que isso é para mães mais que especiais, que sentem, antes de mais nada, uma enorme felicidade de segurar um ser indefeso no colo, olhar para ele e ter a certeza de que seria seu desde antes de nascer.

ELE ***sabe*** porque escolheu a dedo aquela

mãe especial para dar-lhe um filho que é como um cristal que precisa de cuidados redobrados. ***Sabe*** que ela é de sua inteira confiança para mostrar a todas as pessoas que o amor de mãe é mais forte do que qualquer deficiência ou preconceito! Que ela saberá viver um dia de cada vez, sempre com esperança, acreditando sempre!

E tem aquela mãe que, assim como a minha, foi pai também, que de uma hora pra outra, sem opção, tem que criar seus filhos sozinha! ELE ***sabe*** que ela tem que carregar todas as responsabilidades que caem sobre seus ombros, de ser mãe e pai sozinha.

ELE ***sabe*** que chora escondido de seus filhos, porque também precisa de colo. Por isso, ELE coloca pessoas que a apoiam para enfrentar o dia a dia e a faz tirar energia de onde nem imagina existir. Então, dá o máximo de si, pois o principal motivo que dá forças e a faz levantar todos os dias e enfrentar as batalhas da vida são seus filhos.

É tão bom **ser** mãe! É a tarefa mais séria que Deus colocou em nossas vidas.

É tão bom ***ter*** mãe, que Jesus quis ter uma pra ELE.

SER SINCERO REQUER CORAGEM E INTEGRIDADE

Certa vez, fui assistir ao filme *Extraordinário,* que conta a história de um menino de dez anos chamado Auggie, impedido de frequentar a escola por conta de uma deformidade facial.

Começando a quinta série em uma nova escola, ele luta para mostrar aos seus colegas de classe que, apesar das aparências, ele é apenas um garoto comum. Mas, não é apenas sobre uma criança diferente das outras, e, sim, sobre as relações humanas como um todo.

Então, lembrei de uma certa manhã, quando meus filhos André e Guilherme quando eram pequenos e brincavam na garagem de casa, quando o André veio gritando porta dentro: "Mãe! Tem um homem muito feio lá no portão querendo falar com você".

Meu filho tinha toda razão, aquele homem era feio mesmo, sua face era desfigurada e confesso que tive medo daquele homem, mas não falei nada para o meu filho. Perguntei o que ele queria e, com uma voz muito mansa, disse que estava vendendo temperos. Pareceu tão gentil, amável e educado, que acabei comprando.

Após dispensá-lo do meu portão, meu filho continuou falando: "Que homem feio mãe!". Eu lhe disse que ele não podia falar assim, mas continuava sem entender e dizia: "mas... é feio". Expliquei que, para o papai do céu, o homem era lindo, pois o papai do céu não olha a aparência e sim o coração! Pensei que tinha entendido tudo! Na outra semana, aquele senhor voltou e meu filho entrou porta a dentro e falou: "Mãe! Aquele homem feio que o papai do céu acha bonito tá aí de novo!". Meu filho já não sentia mais medo, agora compreendia.

Sem saber, meu filho me deu uma grande lição de sinceridade! Para o papai do céu, o senhor era bonito, mas para ele não! Poucas coisas conseguem ser mais tocantes do que a sinceridade do coração de uma criança.

Essa fase da infância é, provavelmente, a melhor de nossas vidas; nela ainda somos inocentes e não somos contaminados com a maldade do mundo.

Como nos ensinam as crianças, a sinceridade deve começar em nós mesmos, pois são capazes de nos amar pelo que somos, sem se importarem se temos muito ou pouco para oferecer a elas; nos perdoam rapidamente quando erramos; não são capazes de criticar com a intenção de fofocar ou desprezar, apenas dizem do que gostaram ou não, com muita naturalidade.

Elas nos ensinam a reconhecermos nossos pensamentos e sentimentos, pois isso pode nos ajudar a tornarmos pessoas verdadeiras; nos ensinam que a sinceridade vem de uma alma autêntica e verdadeira, capaz de reconhecer a si mesmo, seus próprios limites e dificuldades, que vem da pureza da alma e do coração, que não vive para agradar nem para fazer média com os outros.

Em tempos de tanta intolerância e descrença, é importante conservarmos a criança em nós, pois elas estão ligadas a Deus pela pureza de seus corações. e então, começaremos a compreender porque Jesus Cristo nos manda ser como crianças.

SOBRE SER VOVÓ....

Hoje acordei com muita vontade de escrever esta nova experiência de ser Avó. Só consigo resumir em uma única palavra, **"AMOR"**.

Minha neta Olivia nasceu! É um amor escolhido para acontecer, com hora marcada, dia e lugar. É um tesouro de valor incalculável, verdadeiro presente de Deus, que me fez Mãe duas vezes!

Só a fidelidade de Deus pode me conceder ver a filha do meu filho, a minha geração, por isso não tenho palavras para agradecer a Deus pelo início dessa nova caminhada, por essa nova e longa etapa de nossas vidas. Uma etapa maravilhosa... tão esperada e desejada, que vem recheada de novos sentimentos que ainda vamos descobrir juntos.

Sou vovó!! E saber disso é ter a certeza de que o amor que eu plantei um dia continua dando frutos. Que este amor se reproduz para dar continuidade à vida, evoluindo e acontecendo, agradeço a Deus por esse milagre da vida que é simplesmente maravilhoso!

Sempre ouvi dizer que o amor de vó é dobrado. Agora entendo que, além do amor que sentimos, enchemo-nos de orgulho e alegria.

Eu que pensei que as avós nasciam prontas. Para mim, era claro que, por ter vivido toda a experiência da maternidade, já sabia de tudo. Grande engano! Eu não sei nada e preciso aprender tudo!

Aprender a viver a experiência de ser avó e

ter a oportunidade de viver pela segunda vez tudo o que vivi sendo mãe, só que de uma forma muito mais intensa e consciente, com muito amor, amor que transborda. Como diz o poeta: "AMOR que nunca termina, mesmo sem rima e que com o tempo e como pó, termina em amor de vovó".

O SORRISO MAIS GOSTOSO E SINCERO DO MUNDO!

Todas as manhãs, quando minha neta Olivia chega em minha casa no colo da mamãe, ela abre um sorriso mais sincero e gostoso do mundo, sorriso espontâneo e inocente. Esse sorriso banguelo da minha perfeitinha enche minha vida de alegria, paz e esperança.

Ela sorri porque não conhece discórdia, não entende a si mesma como um ser independente, mas sabe que foi desejada e que é imensamente amada.

Seu sorriso estimula em mim a capacidade de amar e de compreender, traz alegria, pois não se envergonha de sua alegria e entusiasmo, e isso me dá forças para realizar projetos e mudanças, liberando minha criança interior que permite sorrir pelo simples fato de existir e sorrir porque os outros necessitam do meu sorriso, me faz querer acreditar que ainda existe esperança.

Todas as manhãs, ela chega e trocamos sorrisos sem nada em troca, e trocamos abraços sem esperar nada em troca. Trocamos felicidades por alegrias e alegrias por vontade de sorrir, suas gargalhadas deixam meu coração leve e feliz.

Com ela, eu conheci a pureza de um sorriso, ela me ensinou e me ensina tanto, todos os dias.

Então, quando penso que naquela manhã a amei o suficiente, na manhã seguinte ela volta com seu sorriso mais gostoso do mundo, para me mostrar que o amor não tem limites e que me faz capaz de amar e amar... além de todos os meus limites!

Agradeço ao meu bom Deus por me dar esse presente todos os dias! Deus é bom o tempo todo! O tempo todo Deus é Bom.

VIDA DA MINHA VIDA

Hoje minha tarde foi transbordante de ternura e muito AMOR envolvido. Com ELA, minha PERFEITINHA. Celebramos o dia escolhido por Deus, que nos presenteou com essa criaturinha mais amorosa e doce, minha Olivia!

Há um ano, nascia a Olivia! Minha perfeitinha, desde sua chegada meu mundo está mais feliz. Agradeço todos os instantes em que a vejo sorrir, brincar... e não sei nem como descrever o amor que sinto desde o dia que ela nasceu, ela é a minha vitalidade emocional.

Quando olho para ela, feliz no colo dos pais percebo o quanto Deus é bom e como o ciclo da vida é maravilhoso. Não há felicidade maior do que acompanhar o crescimento desse serzinho tão perfeito que me faz sentir que a vida tem um grande propósito.

O único pedido que faço a Deus, todos os dias, é que ela tenha uma longa vida para ser vivida, que o Nosso Deus seja o mestre a guiar seus passos e que todas as bênçãos celestiais transbordem na sua vida.

Espero em Deus que eu tenha muitas e muitas tardes de ternura e muito amor a cada ano com ela. Minha perfeitinha. Uma parte de mim que pulsa fora de mim.

É BOM SENTIR SAUDADES. SÓ ELA NOS MOSTRA A VERDADEIRA IMPORTÂNCIA QUE UMA PESSOA TEM EM NOSSAS VIDAS

É muito bom sentir saudades. É por causa dela que sabemos que amamos a pessoa que nos faz falta no nosso dia a dia, quando conquistamos um sonho e superamos obstáculos. Isso é bom, pois nos remete ao passado, feliz, triste, melancólico, terno. Nos faz valorizar o hoje, nos faz lembrar de pessoas que simplesmente não podemos esquecer, porque fazem parte da nossa história.

Acordei com saudades. Minha alma teimou fazer uma viagem para me mostrar o quanto valeu a pena viver momentos inesquecíveis com ela. **Minha mãe!** Hoje seria dia de festa, de bolo, de comemoração, como ela gostava! Hoje seria o aniversário dela, se estivesse aqui entre nós. Faz tanto tempo!

Como é bom lembrar!!! Como é bom sentir saudades! De chorar pelos bons momentos que tive, porque tive a oportunidade de vivê-los com ela. ***Minha mãe! base da minha vida!*** É tão bom lembrar das mãos dela, que tantas vezes me afagaram, me fizeram dormir, dos abraços que diziam tudo.

Do exemplo de ser cristã, do seu trabalho, das suas renuncias feitas pra facilitar nossas vidas, da sua determinação de ser pai e mãe ao mesmo tempo, pra mim e meus irmãos.

Que amor sem dimensão de cada momento que ela tinha por nós, seus filhos, dos atos de cada capítulo das nossas vidas. Ela sabia ser mãe, como quem não sabia ser outra coisa tão divinamente. Amou mais do que pode. Sei que, escondida, derramou muitas lágrimas. Deu-nos exemplo até o final e partiu como viveu... Suavemente!

Como é bom lembrar! Dos sorrisos, das brincadeiras, dos conselhos sábios e carinhosos, do seu amor! Como é bom sentir essa lágrima rolando no rosto, ao lembrar que todos os dias ela se ajoelhava e orava por nós.

Agradeço a Deus por ser sua filha, de ter nascido dela, ter tido seus ensinamentos, seus cuidados, seu apoio em todos os momentos, ter tido como meu maior exemplo de vida, de ser humano, por ter sido amada por ela, de maneira tão intensa, tão verdadeira, que jamais esquecerei.

É ter bom saudades, é visitá-la em um lugar de onde ela nunca partiu: **dentro de mim!**

Eu sei que ela não foi embora para sempre de verdade. Minha mãe ficou em minhas células, em minha pele, em meu coração e em minha mente. Mãe é isso: aquela que, mesmo partindo, fica. E ficando, reconforta. Hoje faz 20 anos que minha mãe, a **base da minha vida,** foi embora desta terra! Saudades desta mulher que ensinou seus filhos a terem pensamentos verdadeiros sobre como ser cristão e, até mesmo, que o bem que praticamos às pessoas é muito maior do que imaginamos.

Ela não teve seu nome escrito com grandes letras em um mausoléu... Foi apenas uma mulher que, mesmo sem um grande sinal, falou tantas palavras a respeito de Jesus Cristo, o que levou muitas pessoas a reconhecê-lo como Senhor e Salvador de suas vidas!

Hoje acordei com saudades e minha alma regressou a um tempo que não volta mais! Muito bom sentir saudades!

MIMAR NÃO É AMAR!

Dia desses estava na fila do caixa no mercado, quando vi uma criança chorando. Ela se deitava no chão e gritava muito, esperneava, porque queria um outro brinquedo. O pai tentava acalmá-la, mas quanto mais o pai falava, mais ela gritava.

A mãe, que pacientemente estava digitando no celular, por um momento olhou para seu filho e disse irritada que ele pegasse outro brinquedo.

Imediatamente, o menino parou de gritar, levantou-se e foi buscar o outro brinquedo, enquanto a mãe voltava a digitar em seu celular e o pai se sentindo aliviado com a situação.

Vi um pai refém da tirania de uma criança cheia de vontade! Vi a impotência daquele pai em pegar essa criança cheia de caprichos e vontades, tomar a mão dela e ensinar ela andar no caminho que ela tem que andar.

Vi um pai sem autoridade, um menino grande tentando em vão conduzir um menino pequeno! Vi uma mãe preocupada com ela mesma! Parecia outra menina empolgada com seu brinquedinho e, para se livrar logo do incômodo de seu filho gritando, concede o que ele deseja.

Que triste! Além de incompetência em lidar com a situação, e de estarem prejudicando o próprio filho, não estão exercendo o papel de pais de um futuro adulto amoroso, generoso e promissor. Ao contrário, estão criando um futuro nocivo para toda família.

O pior é que tudo isso se reflete nas escolas,

dentro da sala de aula. Pais que têm dificuldades em colocar limites nas crianças e terceirizam essa função para a escola. Como professora, já vi de tudo na escola, criança mandando em pai e mãe e pai e mãe tentando mandar na escola.

A consequência desse modo de funcionamento familiar prejudica a todos. Os filhos mimados crescem com uma baixa tolerância à frustração e, quando adultos, têm problemas em enfrentar as dificuldades. "Não aguenta uma contrariedade e larga a faculdade, não aguenta o chefe, vira as costas e abandona o emprego", diz Içami Tiba.

É na família que a criança aprende, não só através do discurso, mas pelo modo como os adultos praticam o seu cotidiano, vendo os pais falar de acordo com aquilo que fazem, agir de acordo com aquilo que ensinam.

Exemplos e atitudes ensinam o tempo todo, a criança pode esquecer o que os pais falam, mas sempre se lembra do que os pais fazem.

É na família, que se aprende a amar, sem medo. A família é o ambiente mais apropriado para as maravilhosas experiências de amor. É o onde comemoramos cada novo acontecimento, cada conquista. É ter as preocupações, mas com matizes diferentes. É onde aprendemos que cada um tem seu jeito de ser. Afinal, nossos filhos e netos são produtos da educação que damos a eles. Mimar não é amar.

AS GAVETAS QUE COMECEI A FECHAR SÃO PARTE DAQUILO QUE SOU E QUE SINTO

Num desses feriados, resolvi fazer uma limpeza, arrumar gavetas, reorganizar armários, descartar o que está apenas ocupando lugar sem uso ou utilidade. Enquanto vou mexendo, tirando do lugar, descubro também coisas encantadoras, que mexem com meus sentimentos como os bilhetinhos e cartinhas de amor, desenhos dos filhos de quando eram pequenos, cartões do dia das mães. Junto com esses objetos, remexo em minhas lembranças e meu coração não sente nada além de paz!

Então, neste processo associei como uma limpeza em minha alma. Temos um lugarzinho bem no nosso peito onde a Bíblia diz ser como o centro de nossas emoções, é lá que se processa e se arquivam coisas boas ou más. Assim como nossas gavetas, são as gavetinhas dos nossos corações.

Após toda limpeza, percebemos quanto espaço muitas vezes perdemos por guardar algo que não deveria ser guardado. A vida nem sempre é um mar de rosas, nem todos os dias são perfeitos. Há tantos desencontros que deixam marcas...

Um relacionamento, uma amizade, por

exemplo, tem uma história de bons e maus momentos. Quando acaba, ficam lembranças. Muitas delas machucam, ferem. Não dá para apagar o que passou. Porém, precisamos nos livrar daquilo que ainda está ali nos fazendo mal.

Já pensou o quão triste seria se existisse uma cirurgia plástica da alma, da qual tiraríamos todas as nossas vivências e nos deixaria como novos. Fazendo esquecermos do nosso passado, de onde viemos, do que fizemos, dos caminhos que percorremos, de nossas vitórias, nossas quedas e nossas lutas, das pessoas que encontramos em nossos caminhos, que muitas vezes sem saber direcionaram nossas vidas. Muito triste!

Cabe a nós fazermos uma faxina, lançarmos fora, descartarmos tudo que tem entulhado essa gaveta, avaliando se vale a pena guardar tanto lixo que quase sempre ocupa o que seria útil às nossas vidas.

Muitas vezes, apegamos ao sofrimento, ao ressentimento, como nos apegamos a essas coisinhas que guardamos nas nossas gavetas, sabendo inúteis, mas sem coragem para jogar fora. As marcas e cicatrizes ficam para nos lembrar da vida, do que fomos, do que fizemos e do que devemos evitar. Podemos ser o que quisermos, mas para isso é preciso saber quem somos! É necessário limpar as gavetas, seja dos armários, do coração, da alma.

Louvado seja Deus pela força que sempre nos dá, para mantermos nossas gavetas sempre arrumadas, e sabedoria para separar e distinguir quais as coisas que devemos deixar dentro delas e o que não nos fazem falta alguma, pelo contrário, só servem para ocupar espaço e desorganizar as nossas "gavetas"...

Portanto, sorria mais, agradeça mais, elogie mais e.... critique menos! Permita que DEUS esteja presente no seu dia e ore mais! Entregue suas dificuldades para Ele, faça a sua parte, limpando o seu coração para que você possa colher os frutos que inevitavelmente virão!

COISA DE MULHERES

Sempre que estou ao telefone com minha nora ou, até mesmo, em casa, quando ela me visita, sentamos e conversamos muito. Meu esposo e filhos sempre se perguntam o que tanto conversamos e meu marido responde: "Coisa de mulheres". É verdade, há coisas que são só de mulheres mesmo.

A **maternidade** é uma delas. Afinal, Deus chega ao mundo pelo ventre de uma mulher! A porta de entrada para Deus encarnar-se não poderia ser outra senão no ventre de uma mulher, Jesus tem uma experiência no ventre de Maria e ela é quem primeiro exalta a Jesus como seu Salvador, antes mesmo de qualquer homem.

Por isso a maternidade é sagrada, essa experiência humana de ser um só com outro ser humano, de carregar um ser em nosso ventre, é o mais próximo da experiência do divino que alguém possa vivenciar. Todas as vezes que a maternidade da mulher se repete na história humana sobre a Terra, permanece sempre a aliança que Deus estabeleceu com o gênero humano, mediante a maternidade de Maria.

Intuição é coisa de mulheres. Percebemos o que a razão não consegue perceber. Esse dom é aguçado ainda mais com a maternidade, quando desenvolvemos o enigmático poder de compreender o que nosso bebê deseja com um simples olhar, é essa dimensão do afeto que transcende a razão.

Sabedoria é coisa de mulheres. Trazemos em nós toda a sabedoria do mundo, ao repartir, entre nossos filhos, o pão, o carinho e o nosso próprio tempo. A mulher sábia edifica sua casa. Somos a alma do nosso lar o termômetro da nossa família.

Fé é coisa de mulheres. Aquela certeza de que, nossos filhos estão bem, quando saem à noite e demoram a voltar, sabemos pelo volume dos decibéis da batida do portão e, então, o barulho da maçaneta da porta é como a mais bela música tocando quando eles voltam para casa.

Coragem é uma palavra feminina. Tão bem representada por várias mulheres. Principalmente pela mulher que é mãe. Quando defendemos nossos filhos, não existe demonstração de coragem maior. Se percebemos que um filho está correndo algum tipo de perigo, somos capazes de enfrentar um exército armado sem medir as consequências, sem sentir nenhum tipo de medo. E se tivermos que fazer uma escolha entre a nossa própria vida e a do nosso filho, sem nenhuma dúvida escolhemos por ele, isso é bem mais que amor! É coragem de sentir esse amor. Porque até para amar é preciso ter coragem.

Coragem é coisa de mulheres. Somos guerreiras que pensam com o coração, lutamos e sonhamos pelos nossos ideais e não esmorecemos mesmo quando cansadas. A capacidade de dominar a situação, de virar o jogo, como tantas que são diagnosticadas com câncer, percebem que o melhor é viver os momentos ruins com intensidade, mas os bons momentos com mais intensidade ainda, aprendendo a conjugar os verbos reavaliar, readmitir, reaprender, rever.

E acreditar que uma nova história pode começar sabendo que em todas estas coisas, porém, somos mais que vencedores, por meio daquele que nos amou.

Enfim, coisa de mulheres é **valorizar, respeitar e priorizar**, nossa vontade própria, reconhecer nossas individualidades, tomar posse e desenvolver nossa autoridade interna no campo emocional e espiritual, sem menosprezar as do próximo.

É como diz Clarice Lispector: "Acordei, fui ao banheiro, olhei no espelho e vi alguém pelo qual vale a pena Viver".

44

Coisa de mulher é... ser inspiração para muitas outras mulheres.

MEU NINHO VAZIO

"Síndrome do ninho vazio". É assim que os pais se sentem quando os filhos vão embora. E é isso mais ou menos o que eu estou sentindo agora. Quando meu filho mais novo casou, há quatro anos atrás, foi muito difícil me acostumar com a sua ausência.

Eles dividiam o mesmo quarto e uma das camas ficou vazia. Muitas vezes, me pegava colocando um prato a mais na mesa, olhando o relógio pensando porque ainda não chegou da universidade. Foi realmente muito difícil.

Daqui três meses, meu segundo filho vai casar e vai embora. E a sensação de vazio que fica em saber que meu filho não estará mais em casa e aquele lugar na mesa está vazio.

Entendo que é lei natural da vida que os filhos, ao se tornarem adultos, saiam de casa para buscar a própria independência.

Sei que nosso papel como pais é amar, educar, ajudar e guiá-los nessa viagem chamada vida. Cabe a eles decidirem onde e quando navegarão em outras águas.

Nossos filhos são como barcos que precisam sair e viver suas próprias tempestades, pois o amor é um processo de libertação permanente que não para de se transformar. Até o dia em que nossos filhos se tornam adultos, constituem a própria família e começam um novo ciclo.

Como diz Rubem Alves: **"É chegado então o tempo de recolher nossas asas. Aprender a abraçar à distância, comemorar vitórias das quais não participamos diretamente, apoiar decisões que caminham para longe. Isso é amor"**.

Tudo o que meus filhos precisam é ter a certeza de que eu e meu esposo estaremos sempre lá, firmes, seja na concordância ou na divergência, no sucesso ou no fracasso, estaremos sempre lá em nosso ninho, com o peito aberto para o aconchego, o abraço apertado, o conforto nas horas difíceis.

Digo para meu esposo que o nosso ninho daqui uns meses ficará vazio! E o que nos resta? Nos resta o sentimento de dever cumprido. Embora longe dos nossos cuidados, do nosso carinho e afeto diário, sempre serão nossos filhos!

CAPITULO II
SER PROFESSORA

PROFESSOR ENSINA, MAS TAMBÉM APRENDE

Escolhi ser professora, porque é uma tarefa apaixonante, gratificante e, sem dúvida nenhuma, árdua, mas é extraordinariamente bom ser professora.

Cada ano que inicia é uma aventura fascinante, cheia de desafios, surpresas, novos alunos, novas vidas, novos sonhos. Todo ano as estratégias mudam, ultrapassam-se as expectativas ao ver aqueles olhos brilhantes, divertidos, assustados, sonhadores... Todos são colocados em minhas mãos para que eu transmita conhecimentos e, é claro, receba também, pois é uma troca constante e infinita. Nessa troca, quem mais aprende sou eu.

Aprendo que paciência se cultiva, quando conto até dez para não falar palavras que magoam.

Quando chegam correndo e me abraçam com carinho, aprendo que abraçar alguém é a mais sincera troca de amor e que criamos um vínculo duradouro "de olho no olho e de coração para coração". Eles me ensinam que a principal riqueza vem de dentro.

Com meus alunos, aprendo que não sou infalível e, muitas vezes, no meio do caminho, eu erro. Então, eles me ensinam que não existe um caminho feito, o caminho se faz ao caminhar.

Aprendo a ouvir os desabafos daqueles que confiam tanto em mim e decidem compartilhar um pouco mais de suas vidas.

Eu me divirto dando aulas, ouvindo meus alunos, compartilhando experiências, eu adoro quando rimos juntos de coisas bobas, cada gesto, cada palavra, cada atitude que eles tês comigo, vou guardando como um tesouro imenso, uma riqueza incalculável em meu coração.

E quando vai findando o ano, eu começo a sentir falta de aprender com meus alunos, pois preciso mais deles do que eles de mim.

Quando me perguntam se ganho pouco, respondo sempre que ganho muito, porque fico feliz a cada ano que passa por ter convivido com tanta gente diferente e ao mesmo tempo tão rara, tão importante para minha vida.

Sou muito grata a Deus pela oportunidade de ser professora, aquela que ensina, mas que, ao mesmo tempo, também aprende.

SER PROFESSOR É TER UMA MISSÃO

As imagens que tenho do meu tempo escolar é em branco e preto, às vezes mais preto do que branco. Lembro-me da sisudez da professora, dos castigos, das reguadas, das situações monótonas e chatas. Não havia brilho no olhar do professor e, portanto, não havia também no olhar dos alunos.

Por outro lado, lembro-me também das medalhas, dos primeiros lugares, quando conseguíamos arrancar algum afeto, um sorriso, um parabéns do professor.

O tempo era rigidamente controlado, hora de entrar, de ir ao banheiro, do recreio, de sair, etc. Dentro da sala de aula, os horários eram pré-estabelecidos e as atividades se interrompiam sempre que chegava a "hora de".

Havia o momento certo para se fazer uma atividade, como se cada atividade estivesse guardada em caixinhas e só era retirada de lá na "hora de", mesmo que as crianças expressassem livremente seu desejo, nunca era a "hora de".

Não havia muita interação, solidariedade entre os alunos, pois a professora interferia toda vez que algum aluno procurava ajudar o outro, dizendo para sentar-se, porque estava bagunçando a sala de aula. O que é negativo, uma vez que as crianças aprendem a pensar somente em si mesmas e começam a deixar de considerar o outro. É aí que começa o individualismo competitivo tão comum em nossos dias.

Algumas crianças tentavam exteriorizar a sua insatisfação, outros se recusavam a fazer o que a professora pedia, demonstrando que já estavam cansados de repetir a mesma coisa, porque possuem vontade e interesse próprio.

A educação mudou! Hoje os alunos estão sendo desafiados a compreenderem e fazerem associações matemáticas e não a decorar a tabuada. Mudou por se crer que a aprendizagem de conteúdos deve considerar os modos de agir e pensar, crenças e valores de cada aluno.

Mudou porque o professor não é mais o único transmissor de conhecimento. Ele é um mediador, tem a missão de propor desafios e criar condições para que os alunos aprendam a raciocinar com autonomia.

Quando o professor chega na sala de aula e questiona o que eles gostariam der trabalhar naquele dia, depois que é escolhido um dos temas que ela sugere, todos referentes ao dia a dia do aluno, faz-se as atividades com o objetivo de levar a criança à reflexão. Então, a sala de aula passa a ser um espaço de vida! Eles vão pra casa com as cabecinhas cheias de dados, com contribuições significativas para os problemas que são vividos lá fora. A sala de aula assume um interesse singular para eles e seus amiguinhos do grupo.

O controle das relações existentes em sala de aula, principalmente nas primeiras séries, está nas mãos do professor. Por isso mesmo, cabe a ele incentivar, colocar o aluno em primeiro lugar, fazer das suas aulas um lugar privilegiado para a aprendizagem.

Segundo Freire: **"O professor autoritário, o professor licencioso, o professor competente, sério, o professor incompetente, irresponsável, o professor amoroso da vida e das gentes, o professor mal-amado, sempre com raiva do mundo e das pessoas, frio, burocrático, racionalista, nenhum deles passa pelos alunos sem deixar sua marca."** (FREIRE, 1996, p. 73).

Acredito que a identidade profissional se constrói a partir da significação social da profissão. Isto só ocorre quando nós professores somos os autores e atores, interagindo com os nossos alunos, sendo parceiros, nos comprometendo diariamente com os sonhos do aluno, frequentemente nos autoquestionando.

Quantos dons e talentos estão sendo ajudados a despertar com a contribuição de nosso trabalho, para que os alunos se tornem e se sintam melhores a cada dia, para que hoje sejam melhores do que foram antes, e amanhã sejam melhores que foram hoje, ou seja, um professor que tenha significado na vida do aluno...

Não é por acaso que cada vez mais têm surgido pesquisas e mais pesquisas sobre as interações de professores e alunos, da necessidade de integração das atividades escolares com a realidade. E a realidade é que a sala de aula pode ser um espaço aberto e deve favorecer e estimular a presença, o estudo e o enfrentamento de tudo o que constitui a vida do aluno, de suas ideias, crenças e valores, de suas relações no bairro, na cidade e no seu país. É a escola que cumpre com o seu papel de formadora, de promotora da integridade social.

O QUE É MAIS IMPORTANTE

Na reunião pedagógica dessa semana, foram feitas três perguntas para que refletíssemos:

Qual é o lugar mais importante do mundo?
Qual é a tarefa mais importante do mundo?
Qual é a pessoa mais importante do mundo?

O lugar mais importante do mundo é onde estou, onde meu coração está em paz. A minha casa pode até me dar o conforto necessário, mas o melhor lugar do mundo, com certeza, é onde nos encontramos em paz e essa paz é aos pés do meu Salvador.

A tarefa mais importante do mundo é aquela que devemos fazer não a que queremos. Isso tem a ver com pertencimento, participação, com ser útil. Muitas vezes nos queixamos do trabalho que executamos todos os dias, das tarefas que temos, por achá-las muito ínfimas, sem importância.

A pessoa mais importante do mundo é aquela que precisa de você. Jesus disse que o maior mandamento é amar a Deus sobre todas as coisas e o teu próximo como a ti mesmo. Seu próximo é quem estiver perto de você e o amor verdadeiro se expressa em ações. Quem não ajuda seu próximo nas necessidades não o ama de verdade.

Como diz Charles Dickens: **"Ninguém**

pode achar que falhou a sua missão neste mundo, se aliviou o fardo de outra pessoa". Para qual propósito nascemos e usamos nossa vida? Qual o propósito de termos sido enviados para nascer neste Mundo? Creio que é para que possamos aprender que Todas as pessoas são igualmente preciosas e que vida de cada pessoa é tão valiosa quanto o universo inteiro, custou o sangue de Jesus Derramado em uma cruz.

O MELHOR LUGAR DO MUNDO É DENTRO DE UM ABRAÇO

Dia desses, enquanto lia uma historinha para minha turminha do 1º ano, uma aluna saiu correndo da carteira me abraçou e falou: "Profe, só queria te abraçar". Ah! Nada melhor e mais feliz do que um abraço sincero e espontâneo, não é mesmo? Ainda mais vindo de uma criança. Afinal, é o melhor lugar do mundo onde eu podia estar.

O amor abriu os braços para mim e, quando o amor abre os braços, a gente simplesmente abraça! Era um abraço de "Eu amo você! Que bom que você está aqui!" Me fez sentir as muitas dimensões do amor, como a sensibilidade com o sofrimento, a disposição para a alegria, a profundidade de tanta ternura. Aquele abraço curou meu cansaço, a tristeza, soltou amarras, me fez perder por instantes as coisas que tem me feito perder a paz, a paciência.

Naquele momento, através dos bracinhos ternos de minha aluna, Deus afagou a minha alma, aquele abraço tão intenso que ultrapassa qualquer barreira, fazendo pensar em quantas almas não se encontram também tão necessitadas de um simples abraço, de uma palavra de carinho, de um gesto de amor. Aprendo que abraçar alguém é a mais sincera troca de amor e que criamos um vínculo duradouro "de olho no olho e de coração para coração", me ensina que a principal riqueza vem de dentro.

Aprendo que abraços foram feitos para expressar o que as palavras não são capazes de dizer, que representa muitas palavras que teimam em não serem ditas. Fala muito mais do que um discurso inteiro, estabelece elos eficazes de comunicação entre os seres.

Quando abraçamos e nos deixamos abraçar, somos tomados pela felicidade e, instintivamente, baixamos nossas defesas. A força de um abraço não tem limites.

Nele se calam desentendimentos, confortam desesperos, e reafirmam sentimentos de amor e amizade, aquece o coração, derrotando o desânimo, ficando a vontade de viver e agradecer a Deus pelos anjos que ele coloca em minha vida, todos os dias em minha sala de aula, quando me colocam no melhor lugar do mundo onde eu gostaria de estar... nos seus abraços ternos e carinhosos.

O MUNDO DA IMAGINAÇÃO

É divertido observar uma criança brincando. As crianças vivem em seu mundinho próprio e o veem como algo sério, dotado de muito sentido. Sorrimos pra elas. As crianças conseguem aceitar nossos sorrisos. Se zombamos delas, porém, elas fogem de nós e não hesitam em se esconder. Como adultos, há muito perdemos a chave que abre as portas da beleza desse mundo infantil. Podemos observá-lo à distância, sentir a alegria e a atmosfera de aventura que fluem tão espontaneamente da imaginação da criança, mas não podemos entrar nesse mundo. Nós o perdemos para sempre. Já estivemos nele um dia. Mas, ao longo do caminho da vida, perdemos a chave para abrir as portas desse mundo. (Joseph F.Girzone)

Muitas vezes, ao observar meus filhos brincando, imaginava que, para eles, "brincar" era não ver o tempo passar, corriam de um lado para o outro, até ficarem exaustos, para conseguirem pegar o outro no pega-pega. Ou, então, no encantamento de ficar por um longo tempo admirando o funcionamento de um relógio velho de meu marido que eles acabavam de desmontar.

Se a brincadeira fosse boa, continuavam a brincar, se estivesse ruim, simplesmente paravam. Cada um decidia o momento de brincar. Tinham um contato direto com prazer: era isso que fazia com que gostassem de brincar e aquele prazer os fazia viver plenamente o que eram, revelavam-se como eram.

Observo, assim, que brincar seja igual ao sentimento de liberdade plena de pensar e agir, de sentir, de criar e de se expressar. É a liberdade total de criar fantasias, de imaginar situações fictícias, de imitar ou transformar a realidade sem compromisso. De acordo com Rousseau: **"O mundo da realidade tem seus limites. O mundo da imaginação não tem fronteiras"**. Pura verdade, pois nas mãos das crianças o mundo vira um conto de fadas.

É justamente aí que está o encantamento, ao abrir uma caixa qualquer e encontrar dentro dela o mapa do tesouro, ver a fada madrinha nos gestos de alguém. É não perceber o tempo passar ao ficar deitado na grama, olhando as nuvens formando desenhos no céu.

Meus filhos cresceram! E pouco a pouco ***entramos no mundo dos brinquedos adultos***. Comecei então a esquecer de que também já fui criança um dia, deixei de brincar! Esqueci em algum lugar a chave do mundo da imaginação quando entrei no mundo dos brinquedos adultos, onde tudo é preparado e imposto.

Nós adultos, por necessidade e inseguranças próprias, por medo de futuros fracassos ou insucessos dos nossos filhos, temos afastado eles daquilo que mais precisam para crescer saudáveis de corpo e de alma, esquecemos que eles precisam brincar muito para assumirem a própria vida, para serem pais saudáveis e jamais perderem a chave que abre as portas para este mundo infantil, onde brincar é sentir alegria, medo, frustração, felicidade, amor e ódio.

Esquecendo que, sem imaginação, não voamos, não sonhamos, não nos movemos, não promovemos o bem.

Ah! O mundo da imaginação! Já estive nele um dia! O tempo passou! Mas um dia eu resolvi que não queria observá-lo a distância, descobri que eu não perdi a chave! Eu só a esqueci em algum lugar! Eu tenho a chave e o caminho! **SOU PROFESSORA.**

TEMPO. É A VIDA QUE PASSA E NÃO VOLTA MAIS

Hoje estava passando o dever de casa para meus alunos e me lembrei do poema **"O Tempo"**, de Mario Quintana, quando o sujeito lírico fala que "**A vida é o dever que nós trouxemos para fazer em casa**", ou seja, a vida é vivida com obrigação, servindo como um exercício para o aprendizado, que muitas vezes tem que ser feito, mas não é algo prazeroso e desejável que, as vezes, vai sendo deixado para depois, até não podermos fazê-lo no tempo certo.

É assim que agimos em nossas vidas com nossos desejos e vontades. Mas a vida, apesar de ser como um dever de casa, não temos uma segunda chance, não podemos repeti-la ,como acontece com a formação escolar. Na vida o tempo não nos reprova porque ele não se repete. Não é possível voltar atrás.

Entretanto, isso me fez pensar que não é a ideia do **tempo** que nos assusta, é uma coisa muito maior, *é o medo de nunca termos vivido*. Medo de chegarmos ao fim dos nossos dias com a sensação de que estivemos realmente vivos e ao longo de nossa existência não descobrimos o que é a vida.

Acredito que, de todos os medos que nos assombram, desde a nossa infância, medo de quartos escuros, cobras, guerras, nada é comparado ao medo que temos de ter desperdiçado nossas vidas, sem nada para lembrar no final. E mais terrível ainda é pensar que podemos deixar este mundo desapercebidos.

Isso significa que nossa vida inteira, tudo aquilo que conquistamos, nosso sonho e ambição, sucesso e fracasso, tudo se resumiu a nada e o mundo continuará sem nós.

Perdemos muito **tempo** na vida com medo de arriscar, medo das coisas não acontecerem como queríamos, medo de nos entregar aos sentimentos, aos momentos e às pessoas, medo de falarmos o que pensamos e sentimos.

Estamos sempre nos escondendo em fantasias, em máscaras e isso talvez seja uma forma de achar que estamos nos protegendo. Mas, no final das contas, elas só nos impedem de ir em frente e viver tudo aquilo que no fundo tanto desejamos.

Só seremos capazes de dizer que nossa vida teve valor, quando sentirmos que fizemos algo importante e marcamos presença na vida das pessoas, pois o ser humano não pode ser completo e autenticamente humano sem um relacionamento com os outros. O impacto positivo que causamos naqueles a nossa volta é eterno.

Somente depois disso, poderemos dizer: ***vivi, amei e fui amado, desafiei e fui desafiado, deixei minha marca nas pessoas***. Devemos ter capacidade de olhar para o último ato de nossas vidas com a certeza de que, finalmente, aprendemos quem somos e como devemos conduzi-la.

E como diria Quintana: **"não deixe de fazer algo de que gosta devido à falta de tempo. Não deixe de ter pessoas ao seu lado por puro medo de ser feliz. A única falta que terá será a desse tempo que, infelizmente, nunca mais voltará"**.

CAPITULO III
LIÇÕES DA VIDA QUE NÃO SE APRENDE NA ESCOLA

A ARTE DE CONHECER A SI MESMO

A medicina avançada, assim como todas as ciências do comportamento humano, afirma que a Autoestima é a característica mais constante das pessoas sadias, com maior equilíbrio emocional, maior produtividade no trabalho e capacidade de bons relacionamentos. Autoestima significa gostar de si mesmo.

Porque é importante gostar de nós mesmos? Assim como a fome, a sede, o sono, o repouso, a aprovação social e o afeto, a autoestima é também uma necessidade natural da pessoa humana, quiçá a mais forte!

Frequentemente, procuramos nos desculpar ou lamentar com grande piedade de nós mesmos pelo fracasso, na tentativa de querermos ser o que os outros acham que devemos ser! "Haja com amor e eu te amarei!", "fique sempre bela e você poderá entrar para o meu clube!", "vença todas e poderá jogar no meu time".

Então, como a uma criança, nos são creditados pontos por haver ou não escovado os dentes, estrelas douradas para os dias positivos, espaços em branco para os negativos, ficamos sem expectativa e com o coração partido, murchamos, "como não tenho valor, o amor dos meus podem transferir-se para alguém melhor, mais belo, mais brilhante, mais amável, mais paciente". E quão pesado é este padrão de valores que nos impomos, pesado e frustrante, que nos fazem esquecer que somos "a mais perfeita criação de Deus, que somos especiais aos olhos Daquele que é o dono do universo".

Precisamos acreditar mais em nossos talentos, nas nossas forças, do que ser o que os outros acham que devemos ser. Não somos "Super Heróis" que realizam obras notáveis, mas seres humanos que fazem o que é necessário e assumem as consequências dos seus atos.

É importante pararmos para refletir como foi o dia de ontem e o que podemos fazer para melhorar o dia de hoje. Viver um dia de cada vez e viver bem, pois a vida é a única coisa que não podemos voltar atrás e recomeçar, ninguém vive duas vezes! Deixando de lado as frustrações e aprendendo a trabalhar com o que temos em nossas mãos, ser feliz com o que temos.

Não podemos nos avaliar por parâmetros dos outros, cada um de nós tem um tempo para a sua própria evolução, seja ela social, profissional e espiritual.

Todos nós sentimos várias necessidades naturais, tanto fisiológicas como psicológicas e sabemos também que todas elas, quando não satisfeitas, influenciam na determinação do tipo do nosso comportamento.

Todos temos necessidade natural de gostarmos de nós mesmos. E se não conseguimos, sentimos frustrações, um sentimento de carência, e agimos com agressividade ou isolamento, o que dificulta e interfere negativamente no nosso relacionamento.

Na Bíblia, o "Manual de Instrução" do comportamento humano, é onde encontramos todas as "dicas" de como obtermos sucesso nos nossos relacionamentos. Ame *teu próximo como a ti mesmo*. Se prestarmos atenção a essa afirmação, percebemos a importância da autoestima para conseguirmos um relacionamento amoroso com o nosso próximo.

Amamos o outro do mesmo modo que amamos a nós mesmos, mas, é imprescindível amar primeiro a nós mesmos para conseguirmos bons relacionamentos, pois **"conhecer a si mesmo significa descobrir Deus nos outros!"** (Sócrates)

63

Então, como gostar de nós mesmos e aperfeiçoarmos nossos relacionamentos? *Começamos nos relacionando mais conosco!*

E quanto às pessoas que estão em nossa volta, devemos prestar mais atenção! As pessoas mais queridas, às vezes, podem nos ferir e, talvez, não nos amem tanto quanto gostaríamos, o que não significa que não nos amem muito, mas pode ser o Máximo que conseguem. O mais importante é não transferir aos outros a responsabilidade de sermos felizes, cabe a nós a tarefa de apostar nos nossos talentos e realizar os nossos sonhos. Cabe somente a nós "SER O MELHOR" SENDO NÓS MESMOS.

DERRUBANDO MUROS E CONSTRUINDO PONTES

Temos ouvido tanto falar em depressão, baixa autoestima, suicídio e solidão, quando vivemos em um tempo de ampla comunicação. Podemos conversar ao vivo com uma pessoa do outro lado do mundo olhando nos seus olhos e ouvindo a sua voz. Entretanto, nunca nos sentimos tão solitários! Mesmo com tecnologia avançada e a facilidade de comunicação, ainda existem muitas barreiras para o relacionamento entre as pessoas.

Isso acontece porque nos nossos relacionamentos há mais muros que pontes! Sim, nós somos excelentes construtores de muros, em nossos lares, trabalhos e igrejas, criamos muros ao invés de pontes para nos proteger, porque temos a ilusão de que muros são mais fortes e resistentes.

Construímos muros ao invés de pontes, porque nos sentimos solitários, os muros são erguidos para manter os outros afastados do nosso mundo perfeito. Por medo de intimidade, medo de deixar-se conhecer, medo de sermos rejeitados ou de nos machucarmos novamente. Então, aguentamos a dolorosa solidão. A solidão é dolorosa, mas é mais suportável que o medo e a insegurança.

Muros representam separação, medo, dor, ressentimento, indiferença, inimizade, preconceito e insegurança

O filósofo e escritor francês Jean-Marie Muller reflete que:

"A violência constrói muros e destrói pontes. A não-violência nos convida a derrubar muros e construir pontes. Tarefa extremamente difícil. A arquitetura dos muros não exige qualquer imaginação: basta seguir a Lei da Gravidade; enquanto a das pontes exige muito mais inteligência: é preciso vencer a força da gravidade. Os muros mais visíveis que separam os homens são os de cimento que martirizam a geografia e dividem a terra que necessita ser compartilhada. Mas existem também muros no coração e na mente dos homens. São os muros de ideologias, preconceitos, menosprezos, estigmatizações, rancores, ressentimentos, medos. Apenas aqueles que, seja qual for o campo em que atuam, tiverem a lucidez, a inteligência e a coragem de derrubar esses muros e construir pontes que possibilitam aos homens, às comunidades e aos povos se encontrarem, se reconhecerem, dialogarem e começarem a se compreender, somente estes são os artesãos da paz que salvaguardam o futuro da humanidade."

Construir pontes é tão difícil, pois exige o querer se aproximar, sentir necessidade do contato com o outro, empatia, exposição, o dar-se a si mesmo, bondade, mansidão, domínio próprio. Exige abrir o espaço pessoal para que o outro também atravesse a ponte em nossa direção.

Exige a compreensão de que as pessoas não são perfeitas e que, muitas vezes, as nossas maiores dores virão de pessoas que estão mais próximas a nós, aqueles a quem mais amamos, e que estão mais perto, nos ferem. Precisamos do amor de Deus em nós para amarmos as pessoas assim como elas são e perdoá-las quando elas falharem conosco, pois materializamos DEUS na vida do outro.

A família é o bem mais precioso que DEUS nos deu. No entanto, muitas vezes nós criamos muros, discutindo por motivos tão bobos, esquecendo de que essas pessoas foi Deus quem colocou em nossas vidas. Lidar com a família nem sempre é fácil, somos imperfeitos, mas Jesus nos deu o mandamento de amar e perdoar, independente do que os outros façam, pois ELE fez isso por nós.

ELE trabalha derrubando muros e construindo pontes porque ELE é a nossa paz, quem de ambos os povos fez um e derrubando o muro de separação que estava no meio. O que nos separava uns dos outros e todos nós de Deus foi derrubado, para que, livremente e em paz, tivéssemos vida uns com os outros e com ELE, JESUS. O DEUS que derruba muros.

SOBRE SER ESPECIAL

Conta-se que um jovem entrou numa loja de animais de estimação, a fim de procurar um cãozinho. O dono da loja mostrou-lhe uma caixa que continha uma ninhada de filhotes. Ele olhou os cachorrinhos. -Pegou um por um, examinou-o e tornou a colocá-lo na caixa. Depois de alguns minutos, ele se dirigiu ao dono da loja e disse: - Já escolhi um. Quanto custa? O homem falou o preço e ele prometeu voltar dentro de alguns dias com o dinheiro. - Não demore muito - disse o vendedor - Esses filhotes vendem que nem água. O jovem virou-se com um sorriso e respondeu: - Não estou preocupado. O meu ainda vai estar aqui.

E o jovem foi trabalhar; carpiu, lavou janelas, cuidou de jardins. Deu duro e economizou seu dinheiro. Quando tinha o suficiente para comprar o filhote, voltou à loja. Dirigiu-se ao balcão e depositou sobre ele um maço de notas. O dono da loja separou as notas e contou o dinheiro. Depois de verificar o total, sorriu e disse: - Tudo certo, filho. Pode pegar seu cãozinho. O rapaz estendeu as mãos para o fundo da caixa, apanhou um filhote magro que tinha uma perna mole e já ia saindo. O dono da loja o parou: - Não leve esse. Ele é aleijado. Não pode brincar. Nunca vai correr com você, apanhar as coisas. Pegue um dos filhotes sadios. - Não, obrigado, meu senhor - respondeu o jovem. - É exatamente esse tipo de cachorrinho que eu estava procurando. Quando o rapaz se virou para sair, o dono da loja ia começar a falar de novo, mas se manteve em silêncio. De repente, ele entendeu. Na barra da calça do jovem, viu aparecer uma prótese, uma prótese para sua perna aleijada.

Ele escolheu aquele cachorrinho, porque sabia exatamente como ele se sentia, o cachorrinho era especial, independente de tudo o que estava ao seu redor!

Penso que Jesus nos entende com a mesma compaixão do jovem deficiente! Somos especiais aos olhos DELE! Independente de tudo o que está ao nosso redor. Ele não somente nos conhece mais que todos, mas nos ama mais do que qualquer outra pessoa.

O ser humano tende a parar naquilo que os olhos são capazes de enxergar. O olhar de Jesus é diferente do nosso, Ele vê não somente nossa aparência, mas principalmente pelo que somos. E aos olhos DELE somos mais que especiais.

Ele nos conhece e sabe tudo a nosso respeito. Ele sabe quando estamos tristes, sem dinheiro para pagar as contas ou enfrentando crise nos nossos relacionamentos. Mas Ele também vê as nossas qualidades, conhece os nossos sonhos mais íntimos e sabe como realizá-los.

Muitas pessoas que passam por nossas vidas, como aquele dono da loja de animais, não veem nossas qualidades e sempre nos desqualificam. Mas há um Deus que sempre responde: "***É exatamente esse tipo de pessoa que eu estava procurando!***"

ADVERSIDADE: OU VOCE SE ENTREGA, OU USA SEU FAVOR

Diz um provérbio hindu: "Não há arvore que o vento não tenha balançado". Nenhum de nós escapa das adversidades da vida.

Não tem como se esconder dela, a adversidade chega para todos, uma hora ou outra, independente nosso presente ou passado ela aparece em nossas vidas.

Na verdade, a adversidade pode ser vista como uma benção que muitas vezes pode nos levar a conseguir melhores coisas na vida, se conseguirmos vencê-la, pois quando a enfrentamos, em nosso caminho, ganhamos a oportunidade de testar nossa resiliência: o valor de quem consegue ultrapassar a dificuldade, sem sucumbir diante dela.

Não há árvore que o vento não tenha balançado! As árvores nos ensinam a coragem e o valor da luta para lidar com a vida. Todos os dias são expostas a muitas dificuldades, os efeitos da chuva, do sol, do vento e de todos os fenômenos da natureza, sem abrigo e sem poderem se mover. Ainda assim, elas resistem, lutando com as adversidades da natureza por anos e séculos.

Diante das adversidades, devemos ser como as árvores, elas sabem que tudo tem seu tempo, que depois da tempestade vem a bonança, que podemos resistir e ter esperança de dias melhores, é o ciclo normal da vida!

Somos como as árvores que o vento das adversidades está balançando, mas as adversidades (ventos) fazem parte das nossas vidas e, mesmo que não entendamos a razão de elas acontecerem, elas sempre têm algo valioso a nos ensinar.

Deus enviou seu Amado Filho, Jesus Cristo, como nosso Salvador e Redentor para que pudéssemos vencer as adversidades com as quais nos deparamos na Terra.

Graças a Deus pela adversidade que passamos, pois Ele nos ensina a lidar com ela e superá-la, é isso o que nos faz ser quem somos.

Quando superamos cada desafio e dificuldade que enfrentamos, serve para fortalecer a nossa força de vontade, confiança e capacidade de vencer os obstáculos que ainda virão. Deus sempre nos deixa uma escolha, ou nos entregamos às adversidades ou usamos em nosso favor!

EMPATIA É MUITO IMPORTANTE PARA A CONSTRUÇÃO DE UM MUNDO MELHOR

Hoje, lendo as notícias da tragédia de Brumadinho, um morador de 34 anos, desempregado, vendo sua pequena casa ser levada pela barragem, lutou contra a lama, ajudou a salvar 40 pessoas, perdeu tudo o que tinha até mesmo a família.

Os bombeiros trabalhando em condições extremas não medem esforços no resgate de vítimas sob a lama e podem sofrer contaminações com substâncias tóxicas do mar de lama.

Trabalham sem sessar, e nem lembram nessa hora que estão com parcelamento de salário e 13º atrasado, como é o caso dos funcionários que participam do resgate e do amparo às vítimas, entre eles, os policiais civis e profissionais da saúde da Fundação Hospitalar do Estado de Minas Gerais.

Sem contar a delegação com 130 soldados de Israel que chega ao Brasil para ajudar nas buscas. Além do grupo de soldados, Israel enviou ao Brasil cães farejadores e sonares usados em submarinos para localizar pessoas em grandes profundidades, com alta qualidade de recepção de imagem e detectores de vozes e ecos. São cerca de 16 toneladas de equipamentos.

Então me ponho a pensar: o que essas pessoas têm em comum? A Empatia, que nada mais é que a capacidade de sentir o que sentiria uma outra pessoa, caso estivesse na mesma situação vivenciada por ela.

É o amor verdadeiro nas relações humanas, que nos torna mais tolerantes e mais próximos de nosso eu e do conhecimento do outro.

O amor verdadeiro faz, age, movimenta, realiza, promove, levanta, melhora, transforma, promove mudanças significativas ao nosso redor.

É um princípio que gerencia todas as demais emoções; não é um mero sentimento. A empatia está profundamente ligada ao altruísmo - amor e interesse pelo próximo. Nos deixa frágeis e misericordiosos.

A empatia nos torna mais humanos, mais compreensivos, sem julgamentos apressados ao nosso próximo.

A violência alcançou proporções inimagináveis em todos os cantos da terra! De todos os lugares do mundo nos chegam notícias sobre diversos tipos crimes realizados com muita crueldade.

O mundo está precisando de amor, de pessoas que se importem mais umas com as outras e não de pessoas que se odeiam gratuitamente por motivos fúteis e banais. O amor é a única arma capaz de salvar o mundo em que vivemos.

Não há no Universo poder maior do que o poder do amor. O sentimento de amor é a frequência mais alta que podemos emitir. Quando pudermos envolver cada pensamento com amor e amar tudo e todos, nossa vida com certeza será transformada.

SER FELIZ! É TUDO O QUE EU QUERO!

Se perguntarmos a qualquer pessoa o que ela quer da vida, provavelmente ela responderá **"Tudo o que eu quero é ser feliz"**. A maioria das pessoas quer ser feliz. Se existe alguma coisa que nos une enquanto seres humanos é o desejo de sermos felizes. Por que, então, esse sentimento tem que ser tão efêmero? Por que pessoas com tantas razões para ser feliz sentem que lhes falta alguma coisa?

Há tantas coisas que podem contribuir para a nossa felicidade, mas, por alguma razão, todas elas perdem a importância. Então, ficamos vulneráveis, angustiados e tristes.

Será que estamos querendo demais da vida? Afinal, nos esforçamos para isso. Lemos muitos livros, mudamos nosso estilo de vida, optamos por nos dedicar a família. No entanto, acabamos investindo todo nosso tempo e energia no nosso trabalho, convencidos de que trabalhando mais de 12 horas por dia, chegando em casa cansados, estamos provando a nossa devoção à família.

No entanto, descarregamos nossa raiva nos que estão mais próximos de nós, porque tivemos um dia difícil no trabalho; acreditamos que, se não obtivermos o sucesso no trabalho, não seremos felizes e nossas famílias também. Por mais que nos esforcemos para obter o sucesso, ele não nos satisfará. Quando conseguimos alcançá-lo, sacrificando tantas coisas, descobrimos que o sucesso não era bem o que queríamos, pois o dinheiro e o poder não satisfazem aquela fome que temos na alma.

Carl Jung em seu livro *O homem moderno a procura de uma alma* escreve: **"O maior problema de cerca de um terço de meus pacientes não é diagnosticado clinicamente como neurose, mas resulta da falta de sentido de suas vidas vazias. Isto pode ser definido como a neurose geral de nossa época"**.

O que nos deixa muito frustrados e infelizes é, sem dúvida, a ausência de significado para as nossas vidas! Nossa vida pode ser bem ou malsucedida, cheia de prazeres ou preocupações, mas ela precisa de significados.

Nossas almas não estão sedentas de fama, conforto, fortuna ou poder, nossas almas têm sede do significado da vida, de aprendermos a viver de tal forma que nossa existência tenha importância, capaz de modificar o mundo à nossa volta.

Jesus, ao encontrar uma Samaritana no poço de Jacó, faz uma comparação dessa busca de felicidade com a experiência de ter sede. Jesus diz a ela: **"Aquele que bebe desta água terá sede novamente, mas quem beber da água que eu lhe der jamais terá sede"**. O que Jesus quis nos ensinar sobre a busca da felicidade é que somos seres criados à imagem e semelhança de Deus, que é Eterno, e, por isso, temos no nosso interior algo que nos leva a buscar o infinito.

Nada que é passageiro poderá satisfazer esse anseio. O único que pode saciar essa "sede" é Deus.

Então, o nosso desejo de felicidade é uma clara manifestação da nossa busca de Deus. Quando nos encontramos com aquele que é o Caminho, a Verdade e a Vida é que poderemos viver plenamente.

AMAMOS COM PRESSA E ODIAMOS COM CALMA

Fico muito apavorada quando vejo tantas declarações de ódio, seja na política, esporte religião e acontecimentos do dia a dia. Estou assustada com tanto ódio e, ao mesmo tempo, com tanta falta de compreensão e amor, pois o amor é o nosso próprio ser.

O amor deveria ser uma das coisas mais naturais deste mundo, mas não é. Pelo contrário, ele se tornou a coisa mais difícil. O mundo, a sociedade não está permitindo, e isso nos condiciona de tal forma que parece impossível amar. Nesse sentido, o ódio passa a se tornar possível em nossas vidas. É mais fácil odiar, porque assim não vemos a pessoa como ela é realmente.

Odiar é o mesmo que se deixar inflamar por um fogo ardente, mas que queima de dentro para fora, matado todos os demais sentimentos que possam existir. Ele não traz nada de benéfico a quem sente, ao contrário, nos deixa amarga, triste e sem sensibilidade para viver as boas coisas da vida.

Nos rouba a paz e os amigos, não porque eles não queiram nossa amizade, mas porque nos distanciamos deles, criando um mundo só nosso! Vai ficando cada vez mais forte, é como um câncer corroendo nossa alma e, por fim, nos tornamos escravos do nosso ódio. Quem é dono do nosso ódio é dono de nós. Somos escravos de quem odiamos.

Ele envenena, mata, corrói, deteriora impiedosamente os mais puros sentimentos. Todas as pessoas, por serem humanas, têm o direito de errar, pelo menos uma vez. Porém, infeliz será o ser humano que permanecer errado toda sua existência, sem reagir a essa anomalia. Um coração cheio de ódio fica debilitado e enfermo. O ódio é mais destrutivo que as piores enfermidades.

Dostoievski escreveu: "Decida-se pelo amor. Se você se decidir de uma vez por todas em favor dele, você vencerá o mundo. Pois o amor que você erve é uma força invencível. Ele é a força maior, e não há nada que lhe seja semelhante. Ame, até mesmo o seu pior inimigo, e DEUS fará com que tenha paz contigo".

O mundo precisa desesperadamente de amor, de pessoas comprometidas em fazer o que é certo, de ter coragem de dizer a verdade, que digam não ao ódio e sim ao amor, que perdoem, quem ama perdoa.

Nem sempre conseguiremos perdoar, apesar de amar. Mas Deus sempre nos mostrará que a vida é uma estrada com bifurcações imprevisíveis e amanhãs inesperados. Se em uma esquina da vida nos deparamos com pessoas que nos magoam, nos fazem mal, em outra Deus coloca muitas pessoas para nos ajudar a levantar, secar as nossas lágrimas e limpar nossas feridas.

O mundo precisa de amor. Precisa saber que existe um Ser maior que tudo que há aqui. Maior que a vingança, que o ódio. O mundo precisa conhecer urgentemente a Deus, para aprender a amar sem pressa!

COMO POSSO FALAR DE AMOR NO MEIO DE TANTO ÓDIO?

Como posso falar de amor, quando vejo crianças nascendo numa sociedade que respira o ódio e o descaso para com o outro? A violência aumenta a cada dia, as pessoas já não se sentem seguras ao sair para às ruas. O medo tomou conta de todos!

Há, cada vez mais, pessoas glorificando a violência e a ignorância; um imenso número de pessoas passou a ter orgulho do próprio ódio, alimentando-o cada vez mais.

Nossa vida é uma eterna escolha! Então, escolho falar de amor! Só o amor pode mudar tudo! Hoje em dia, muitas pessoas esqueceram o verdadeiro significado desse sentimento. Onde há dor, desrespeito, ameaça, humilhação, medo, violência e agressão, não existe amor. Porque só sabe amar quem tem amor para dar.

Quero falar do amor, pois a melhor maneira de combater o ódio é espalhando amor. O amor é invencível. Quanto maior o amor que sentimos e irradiamos, maior o poder que utilizamos para vencer todas as batalhas. O pensamento impregnado de amor se torna invencível.

Que Deus nos dê uma porção diária de amor, para que possamos manifestar sua graça e, assim, podermos falar de amor no meio de tanta violência e tanto ódio, pois o amor é o mais divino dos sentimentos humanos, um sentimento "sobremodo excelente".

O NOSSO FUTURO É
RESULTADO DE ESCOLHAS

As escolhas, as continuidades da minha caminhada e da minha vida, dependem exclusivamente de mim, está em minhas mãos. Toda minha vida é feita de escolhas. Temo fazer escolhas erradas, entrar por portas erradas. Então, fico como que paralisada, sabendo que o futuro está em minhas mãos. Preciso escolher.

Lembro o que Jesus disse: "***Vá para seu quarto, feche a porta e ore a seu Pai, que está no secreto. Então seu Pai, que vê no secreto, o recompensará***". Assim, entro em meu quarto sem saber direito o que pensar e dizer. Preciso decidir fazer uma escolha. Ele está lá, me esperando para conversar! É no meu quarto fechado que me ajoelho diante de Deus e Ele fala "***Vamos ficar a sós. Vamos deixar do lado de fora o mundo, os problemas, as distrações, e vamos ter intimidade. Vamos falar daquilo que precisa ser falado***".

Logo o horizonte de descortina e descubro que a vida é como uma colcha de retalhos, tecida por pedacinhos maiores e outros menores, felizes e tristes, importantes ou não, são esses pedacinhos (opções, escolhas) que fazemos e que acabam delimitando o sentido e as cores de nossa história.

Somos um pouquinho da vida de nossos pais e avós, dos nossos amigos, irmãos, filhos, netos. Nossas vidas estão interligadas, nossas histórias são parecidas e, com isso, sentimos empatia com os problemas, com as alegrias, com os medos, com coisas que nos acontecem, com a alegria de cada vitória, com a dor das perdas, com o sofrimento, com as emoções, com os amores, com as decepções.

Não andamos sozinhos, somos o conjunto de tudo o que está ao nosso redor há caminhos que se completam, que se cruzam, que se interligam, com aclives e declives, o essencial é saber por onde se anda e que ninguém é igual ao outro.

A vida é uma caminhada de acontecimentos. Cada retalho representa um detalhe da vida, às vezes bom e às vezes ruim. Vai depender das decisões, ações e escolhas tomadas, pois o nosso futuro é o resultado das nossas escolhas.

O tempo que passamos neste **"lugar secreto"** com Deus marca a nossa vida. Faz-nos ser e pensar nas coisas que são de cima, dá forças para melhor decidir e para escolhermos aquilo que nos fará verdadeiramente felizes. O autor da vida em sua infinita misericórdia e sabedoria cuida de cada retalho, ajustando aqui e ali desse retalho que fala um pouco de nossas vidas, nossas esperanças, nossos sonhos, nossas lágrimas, nossos amores, nossas batalhas às vezes tão difíceis, mas alicerçadas na confiança em Deus, o rumo de nossa história.

QUANDO JULGAMOS, FECHAMOS AS PORTAS PARA A COMPREENSÃO

Certa vez ouvi de um grande teólogo que: ***"muito do mal é feito no mundo por gente boa, que não sabe que não é verdadeiramente boa"***. Então, lembrei de uma história bíblica que ouvia desde menina.

Simão, o piedoso e próspero Judeu e fariseu, convidou Jesus para comer com ele. Enquanto a refeição era servida, de repente, sem convite, chega uma pessoa **rotulada** *Pecadora*. Alguém diferente! Trazia com ela um frasco de perfume e se dirigiu direto para Jesus. Antes mesmo de remover a tampa do perfume, ela já chorava, banhando com lágrimas os seus pés, esquecendo-se de que nenhuma mulher respeitável faria isso na presença dos homens.

Soltou os cabelos para enxugar as lágrimas, cobriu os pés de Jesus com beijos e ungiu-os com o perfume que trazia. Simão ficou em choque vendo Jesus, imperturbável, aceitando a homenagem da mulher.

Naquele instante, ela conheceu o amor e o respeito, não foi desdenhada! Pela primeira vez foi aceita! Teve, quem sabe, pela primeira vez, a sensação de liberdade e aceitação.

Simão não vê as coisas desse modo. Tudo o que ele vê é sua mesa sendo invadida pela desprezível criatura e pensa: **"Se este homem fosse realmente um profeta, saberia que espécie de mulher o está tocando".**

-Simão! - Disse Jesus lendo seus pensamentos: -**Tenho uma coisa a te dizer** - e conta a Simão uma parábola que, a princípio, soa como um conto agradável, mas que esconde em suas linhas algo que salta de repente, e põe Simão em nocaute.

O objetivo de Jesus é levar Simão a conhecer certas verdades sobre si e sobre a mulher. Ele nem desconfia que a história é endereçada a ele. Jesus volta-se e pergunta a ele: – Simão, vês esta mulher? Olhe para ela! - Mas ela era tudo o que precisamente Simão não podia ver. Tudo o que enxergava era a imagem **preconceituosa** que tinha.

Jesus estava tentando penetrar em seu íntimo, para que Simão se reconhecesse melhor.: **Simão, quando entrei na tua casa, não me beijastes, esta mulher que despreza não cessou de beijar-me os pés. Não me deste água para lavá-los, esta mulher, porém, lavou-os com suas lágrimas. Não me ungistes com óleo, ela, porém, ungiu-me os pés com perfume precioso.**

Para Jesus, estas três pequenas cortesias orientais não eram triviais e revelaram a pessoa da mulher, do mesmo jeito que a omissão delas por parte de Simão revelou sua alma farisaica.

Simão demonstrou nada conhecer de seu próprio pecado, de suas descriminações, de sua própria natureza humana. Mas estava totalmente convencido dos pecados da mulher que ele havia **rotulado.**

Não é verdade que muitas vezes não temos um fariseu que, disfarçado, mas muito ativo, ainda se esconde em cada um de nós? Quantas vezes temos a presunção de colocar-nos como juízes de outros, aos quais não estamos qualificados para julgar?

Quantas vezes temos o nosso coração tão propenso a divagar e tão rápido a esquecer dos votos feitos a Deus, tanta pressa em trazer a Ele os erros dos outros e muita relutância em confessar nossos próprios pecados?

O julgamento é um fardo, sentimos mais leves quando nos livramos dele, julgar impõe rótulos de certo ou errado em situações que simplesmente são. Então, antes de julgarmos os outros, devemos primeiro olhar demoradamente dentro de nós mesmos.

Podemos compreender e perdoar muitas coisas, mas quando julgamos, fechamos as portas para a compreensão e abandonamos o processo de aprender a amar o outro.

POR QUE TEMEMOS A MORTE?

Ninguém pode negar que é um dos sentimentos mais perturbadores. Há quem afirme que esse medo foi a pedra inicial sobre a qual foi fundamentada a cultura.

A morte é o acontecimento mais fascinaste e enigmático do ser humano. Enigmático, porque é indecifrável; fascinante, porque ela nos faz refletir. A morte nos dá um sentido tão forte e vivo, que nos provoca a releitura da própria vida, posicionando-nos diante dela.

A morte faz parte da nossa existência; é nossa única grande certeza. Mas, então, por que temos medo de algo que é inevitável? Por que não passamos a aceitá-la como um processo contínuo e natural de nossa vida? Talvez tenhamos um trauma inconsciente para encararmos com naturalidade. Tantos parentes e amigos vimos serem sepultados... Ainda assim, não admitimos que esse seja o fim que está reservado para todos nós.

Anos atrás, durante os cinco dias que vi meu pai na UTI até ele falecer, eu via as pessoas chegando para se despedir de seu ente querido, pessoas esperançosas vendo alguém vencer a morte, era uma mistura de alegria, tristeza e esperança.

Ver tantas pessoas morrendo faz com que você pense que um dia poderá estar na mesma situação, e é difícil suportar essa ideia.

Estamos passando por uma pandemia, em 2020 e 2021, causada pelo novo corona vírus que, embora seja minimizado por tanta gente, matou no mundo mais de um milhão de pessoas. Matou, também, rotinas e o modo como estávamos acostumados a viver. A morte nunca esteve tão presente.

Por que será que este tema é tão difícil de ser aceito pela maioria das pessoas? Creio que não é a morte que assusta, o que assusta é a vida! Medo de termos somente passado pela vida, e descobrirmos que não a vivemos com intensidade e propósito. Medo de não termos encontrado um sentido para a nossa existência, que fomos meros espectadores ou coadjuvantes, não fomos atores principais de nossas próprias vidas.

O filósofo Horace Kellen, quando fez 73 anos, escreveu: "***Há pessoas que pautam suas vidas em função do temor à morte, e há pessoas que o fazem considerando a alegria e satisfação da vida, os primeiros vivem morrendo, os outros morrem vivendo, sei que o destino pode terminar comigo amanhã, mas a morte é uma contingência sem importância, chegue quando chegar pretendo morrer vivendo***".

Só seremos capazes de dizer que nossa vida teve valor, quando sentirmos que fizemos algo importante e marcamos presença na vida das pessoas, pois o ser humano não pode ser completo e autenticamente humano, sem um relacionamento com os outros.

Somente depois disso poderá dizer: "não tenho medo da morte porque vivi, amei e fui amado, desafiei e fui desafiado, deixei minha marca nas pessoas". Devemos ter capacidade de olhar para o último ato de nossas vidas com a certeza de que finalmente aprendemos quem somos e como devemos conduzi-la. Novamente, afirmo que a punição mais assustadora que a morte é a vida desperdiçada!

Deus não nos livra da morte, todos nós vamos morrer um dia! Mas, ELE nos livra da "sombra da morte", não deixa que nossas vidas fiquem paralisadas pelo medo da morte. ELE nos auxilia a viver verdadeiramente, usar bem o nosso tempo, viver com mãos limpas e o coração puro. Quando conseguirmos isso, a perspectiva da morte não nos trará qualquer temor. Pois ELE mesmo afirmou: "***Eu sou a ressurreição e a vida. Aquele que crê em mim, ainda que morra, viverá***".

NESSE DIA TÃO TRISTE, QUERO TRAZER À MEMORIA AQUILO QUE ME FAZ FELIZ!

É muito bom sentir saudades, é por causa dela que sabemos que amamos a pessoa que nos faz falta no dia a dia, quando conquistamos um sonho e superamos obstáculos. Isso é bom, pois nos remete ao passado, feliz, triste, melancólico, terno; nos faz valorizar o hoje, nos faz lembrar de pessoas que simplesmente não podemos esquecer, porque fazem parte da nossa história.

Nesse dia tão triste, quero trazer à lembrança aquilo que me faz feliz! Como é bom lembrar!!! Como é bom sentir saudades!

Acordei com saudades. E minha alma teimou fazer uma viagem e me mostrar o quanto valeu a pena viver momentos inesquecíveis com ela. **Minha mãe!**

Como é bom lembrar!!! Como é bom sentir saudades! De chorar pelos bons momentos que tive, porque tive a oportunidade de vivê-los com ela. ***Minha mãe! Base da minha vida!*** É tão bom lembrar das mãos dela, que tantas vezes me afagaram, me fizeram dormir, dos abraços que diziam tudo.

Do exemplo de ser cristã, do seu trabalho, das suas renuncias feitas pra facilitar nossas vidas, da sua determinação de ser pai e mãe ao mesmo tempo, pra mim e meus irmãos.

Que amor sem dimensão de cada momento que ela tinha por nós, seus filhos, dos atos de cada capítulo das nossas vidas. Ela sabia ser mãe, como quem não sabia ser outra coisa tão divinamente. Amou mais do que pode. Sei que, escondida, derramou muitas lágrimas. Deu-nos exemplo até o final e partiu como viveu... Suavemente!

Como é bom lembrar! Dos sorrisos, das brincadeiras, dos conselhos sábios e carinhosos, do seu amor! Como é bom sentir essa lágrima rolando no rosto, ao lembrar que todos os dias ela se ajoelhava e orava por nós.

Agradeço à Deus por ser sua filha, de ter nascido dela, ter seus ensinamentos, seus cuidados, seu apoio em todos os momentos, ter sido meu maior exemplo de vida, de ser humano, por ter sido amada por ela, de maneira tão intensa, tão verdadeira, que jamais esquecerei.

Sentir saudades é visitá-la em um lugar de onde ela nunca partiu: **dentro de mim!** Eu sei que ela não foi embora pra sempre de verdade. Minha mãe ficou em minhas células, em minha pele, em meu coração e em minha mente.

Mãe é isso: aquela que mesmo partindo, fica. E, ficando, reconforta. Faz tanto tempo que minha mãe, a **base da minha vida,** foi embora desta terra! Que saudades desta mulher que ensinou seus filhos a ter pensamentos verdadeiros sobre como ser cristão e, até mesmo, que o bem que praticamos às pessoas é muito maior do que imaginamos.

Ela não teve seu nome escrito com grandes letras em um mausoléu... Foi apenas uma mulher que, mesmo sem um grande sinal, falou tantas palavras a respeito de Jesus Cristo, o que levou muitas pessoas a reconhecê-lo como Senhor e Salvador de suas vidas!

Hoje acordei com saudades e minha alma regressou a um tempo que não volta mais! Muito bom sentir saudades!

SOBRE RECOMEÇAR...

Hoje me coloquei a pensar que a vida é feita de ciclos, pois qualquer coisa que começa em nossa existência um dia termina. O que não sabemos, muitas vezes, é "quando" e "como" nossos ciclos terminarão. A infância passa, a escola termina, o amor acaba. E a vida também.

Alguns ciclos se iniciam, independente de nossas vontades, como um ciclo de uma doença. A pandemia, por exemplo, que aconteceu contra a nossa vontade, é dolorosamente aguda, são fatalidades que, quando ocorrem, automaticamente abrem ciclos até os seus términos, seja com a cura, solução, recuperação.

A vida está cheia de começos e fins, alguns simultâneos, que temos de administrar. Refletir sobre eles é o melhor jeito de prosseguir em um caminho saudável, sem atropelos, ou encerrar uma experiência no momento oportuno.

Os recomeços servem para não esquecermos dos momentos de dor, pois eles foram o trampolim para o nosso crescimento. Não mudamos quando tudo vai bem. Precisamos das tempestades da vida para enxergar o quanto somos frágeis e precisamos desesperadamente da presença de Deus.

Portanto, precisamos entender e compreender o ciclo que estamos vivendo agora, para podermos vivê-los da melhor maneira possível, aprendermos todas as lições que tem para nos ensinar. Certamente, nós vamos precisar dessas lições nos próximos ciclos. Os próximos ciclos cobrarão essas lições, contando que nós as aprendemos corretamente.

Enfim, somos como a fênix, o pássaro da mitologia grega que morre e retorna das cinzas, renovado. Renascemos a cada novo ciclo, criando novos significados a cada vez que nos deparamos com os mesmos obstáculos, para encontrar nosso lugar nesse mundo e fazer da nossa vida a melhor que podemos ter. E como diz o poeta Carlos Drummond de Andrade: "Não importa onde você parou... em que momento da vida você cansou... o que importa é que sempre é possível e necessário Recomeçar".

EU PASSARINHO!

Gosto muito de Mario Quintana, por ser o poeta das coisas simples do cotidiano, o "Poeminha do Contra" é, sem dúvida, um clássico de sua obra, que nasceu da terceira vez em que não foi aceito na Academia Brasileira de Letras. Ele revidou. Como todo bom poeta, fez o que sabia fazer divinamente, fez um poema:

"Todos estes que aí estão
Atravancando o meu caminho,
Eles passarão.
Eu passarinho!

Amo esse poema, por ver a postura do poeta frente às pessoas que gostam de criar obstáculos em nossa vida. É bem verdade que existem muitos que torcem contra você, contra a realização dos seus sonhos. Quando você começa a fazer alguma coisa, sempre tem alguém torcendo contra. E se você consegue ultrapassar as primeiras dificuldades, a torcida para que você falhe aumenta ainda mais. Tudo parece conspirar contra você!

"Todos estes que aí estão atravancan-

do o meu caminho"; Quando tudo conspira contra, é sinal de que você está incomodando o fracasso, porque logo você vai brilhar, vai conseguir seu objetivo.

Existem também as pessoas medíocres, que não torcem contra e nem a favor. Mas, o fato mais importante é que não são eles que decidem o seu destino.

"Eles passarão. EU passarinho". Todos os obstáculos da nossa **vida** passarão, tudo é efêmero, tudo passa, as glórias e as vaidades desse mundo são como vapor que se dissipa no ar.

Tudo passará, mesmo que o obstáculo seja grande. e então, você pode passar por cima deles como um "passarinho", voando, leve e pequenino, por cima de tudo isso batendo suas asas.

Portanto, para as pessoas, os problemas, as divergências sem fundamento que atravancam nosso caminho, a melhor resposta que podemos dar é a liberdade de voar independente, um passarinho voando é um pássaro livre, sem medo das gaiolas as quais tentam nos aprisionar. Quem vive dentro de uma gaiola não compreende que o mundo é cheio de caminhos e possibilidades.

PÁSCOA...TEMPO DE RECOMEÇO.

A páscoa lembra recomeço, de como a vida se repete ano após ano, os dias tão parecidos, mas, ao mesmo tempo, tão diferentes. O importante disso tudo é que nem sempre é tudo ruim ou sempre bom. Até o "eterno" e o "para sempre", em algum momento, chegam ao fim, e isso não é negativo nem ruim, é parte do processo da vida. Em qualquer relacionamento, haverá um momento de chegada e outro de partida. Isto é fato no ciclo natural da existência humana.

A nossa vida é formada de ciclos, que muitas vezes não conseguimos determinar em que ponto se encerra um ciclo e quando começa o outro. Muitas vezes, encerra repentinamente e nos damos conta de que chegou ao fim. Mas, a verdade é que teremos muitos recomeços em nossas vidas.

A cada sol que se levanta na terra é um recomeço. É quando recomeçamos a escrever para um novo capítulo em nossa vida. Todos nós somos feitos de recomeços, pois em algum momento, por mais que tenhamos controle sobre nossas vidas, teremos que nos arriscar e simplesmente recomeçar. A cada dia, temos a chance de fazer algo diferente, de aprender, de se renovar.

Existem momentos em que percebemos que algumas coisas da nossa vida já não nos agradam mais, seja no trabalho, no amor ou em qualquer outra área. Não precisamos insistir em algo que não está nos fazendo bem, mas podemos mudar o caminho que estávamos seguindo e recomeçarmos por outro para nos sentirmos satisfeitos novamente.

A vida é um constante movimento. A vida é uma constante transformação. E que bom que podemos mudar, evoluir, que temos a opção de recomeçar todos os dias. E recomeçar é começar de novo. É jogar fora, destruir, remover tudo que não foi bom, que não valeu a pena, que foi feito errado, e com os pedaços que sobrou, reconstruir.

Recomeçar como a águia! *"Os que esperam no Senhor Deus, renovam suas forças, sobem com asas como águias, correm e não se cansam, caminham e não se fatigam".*

É rejuvenescer! Rejuvenescer como águia significa ter coragem para recomeçar e estar sempre aberto a escutar, a aprender e a repensar nossos caminhos. Porque a vida é um conjunto de possibilidades, de caminhos que se cruzam. O que realmente importa não é quando ou onde parou, mas o recomeço da caminhada.

PALAVRAS QUE MATAM

A revista "A BIBLIA NO BRASIL", nº 140, da Sociedade Bíblica do Brasil, relata uma história verídica. Vou reproduzir os trechos principais.

Quanto mais se lembrava, mais ficava zangado. Falando com a gente, parecia que falava com ele mesmo. E repetia:

-Não, ele não podia morrer assim. Não morreu; ele foi assassinado. Com dezoito anos, parecia um menino. Com lágrimas tristes nos olhos agitados, o Dr. Jéferson Ferreira Nunes, famoso neurologista e professor de medicina, conta o que aconteceu. Ele estava falando a respeito de um moço retardado-oligofrênico, dizem os especialistas internos do hospital, para tratamento de rotina.

Disseram a José que, no dia seguinte, a família iria levá-lo de volta pra casa. A notícia rebentou no seu coração como um evangelho de boa nova. Ele começou a contar para todos, de quarto em quarto, quase pulando de alegria, que agora já podia voltar para a sua casa, José tinha que derramar pelo hospital toda aquela notícia gostosa e tão emocionante, que não cabia no seu coração.

Para José, a noite foi longa e preguiçosa – parecia que estava embrulhando devagar a manhã nas cobertas escuras da madrugada. No seu coração de menino, cantava uma canção nova e no ritmo estridente do canto do galo nos quintais ve-

lhos...

> *– Eu vou... eu vou amanhã...*
> *– Eu vou pra minha casa.*

De manhã, José acordou com o sol já aquecido, empurrando tudo e todos na rotina apressada do velho hospital.

Durante horas, no canto da porta e, as vezes, na cama, ele espiava aquela gente toda, como formigas atarefadas, indo e vindo sem parar.

De repente, pai, mãe e irmãos se plantam diante dele. José se assusta com o rosto carrancudo de todos. Ele, que era só coração, retardado de inteligência mas genial na capacidade de amar, estuda por alguns segundos a cara de carrasco da sua família. São segundos que parecem horas infernais.- -Olhe aqui, José – diz a mãe - Não vamos levar você para casa, não. Você dá muito trabalho para nós. E você atrapalha demais... Vamos deixar você aqui ou em outro lugar qualquer...

José, ferido de morte, no fundo do seu coração ingênuo, mas cheio de amor, ajeita e arruma os lençóis e a coberta. Na cama, como um passarinho baleado, fecha os olhos para o mundo que ele não entende - mundo brutal e feroz. Mundo da "inteligência" sem amor. Mundo sem Mãe...

No dia seguinte, bem cedo, lá estavam os médicos e enfermeiros rodeando o corpo de José. Dizem que alguém o ouviu, de noite, chorar baixinho. Ele foi assassinado com palavras e gestos infernais e perversas - pensam todos".

Palavras matam mais do que armas, matam a autoestima de uma pessoa, o ânimo para vencer, um lindo sonho e a vontade de continuar seguindo em frente. Algumas palavras calam para sempre! Palavras também matam!

O amor está em falta! Precisamos buscar oportunidades de usá-lo com mais intensidade em nossa casa, com nosso cônjuge, com nossos filhos e também com todos os que nos cercam. Cada instante da nossa vida é moldado pelo que falamos, pois a boca fala daquilo que o coração está cheio.

RECONHECER O ERRO OU UMA MALDADE PRATICADA É O PRIMEIRO PASSO PARA O PERDÃO

Quando somos ofendidos, maltratados ou acusado de algo que não fizemos, caímos em um perigo silencioso que carregamos conosco, chamado MÁGOA.

É um perigo muito grande que afeta muito mais nossa vida do que a da pessoa que nos ofendeu, que nos fez mal e nos impede de perdoar. Isso nos faz ferir as pessoas que mais amamos ao nosso redor e que não tem nada a ver com nossas amarguras.

Esse sentimento nos dá uma carga tão pesada de rancor e infelicidade, que prolonga ainda mais nosso sofrimento e a nossa dor. Nos faz sentir como vítimas. As vezes, somos vítimas não dos que nos ferem, mas de nós mesmos.

Quando estamos magoados com uma pessoa, não conseguimos perdoá-la, é como se você colocasse uma algema em volta do seu braço e outra ponta da algema no pescoço da pessoa que te magoou.

Aonde você for, levará consigo. Você pode mudar de cidade, de Estado, ou até de País, você a levará sempre junto, porque está ligado a ela pela mágoa. Esse sentimento é vivenciado com desgosto, tão profundo que nos torna incapazes ou pouco capazes de nos reencontrarmos dentro de nós

99

mesmos.

Sei, por experiencia própria, o quanto é difícil perdoar quem nos magoou, mas precisamos perdoar as pessoas e não cultivar a mágoa dentro de nossa alma.

O perdão não é um ato de amnesia santa, que apaga o passado. É a experiência de cura que retira o veneno! Perdoar não significa ignorar o mal que nos fizeram, mas não permitir que ela seja uma barreira para nossos relacionamentos.

Perdoar é um ato de vontade, é a decisão de decuplar uma falta, uma ofensa, de renunciar a ira contra alguém, sem exigir castigo ou reparação. O perdão acalma a ira, traz paz, nos liberta das algemas.

Perdoar é ter a possibilidade de dominar nossa vida, ter controle sobre ela, quando não sentimos mais necessidade de usar as mágoas antigas como garantia contra alguém. Perdoar é escolher ser feliz!

SOBRE TER CORAGEM

Diz uma antiga fábula que um camundongo vivia angustiado com medo de um gato. Um mágico teve pena dele e o transformou em gato. Porém, ele ficou com medo de um cão e, por isso, o mágico o transformou em pantera.

Então, ele começou a temer os caçadores. A essa altura, o mágico desistiu. Transformou-o em camundongo novamente e disse: Nada que eu faça por você vai ajudá-lo, porque você tem apenas a coragem de um camundongo.

A palavra coragem vem do latim e significa agir com o coração. Portanto, ter coragem é agir de acordo com o que verdadeiramente sentimos.

Assim como o camundongo da parábola, em nossa vida sempre teremos medo! O medo é assustador, é um sentimento capaz de nos acovardar, impede de realizarmos coisas incríveis, de sermos quem sempre sonhamos ser.

Mas... Viver é um ousado ato de coragem, porque a coragem não é a ausência de medo, é a capacidade de avançar, apesar do medo, é caminhar para a frente e enfrentar as tribulações, vencendo os nossos medos, é quando superamos os desafios e fazemos mais do que pensamos ser possível. Desse modo, chegaremos aos lugares que tanto sonhamos em nossas vidas.

Certamente, nossas vidas seriam diferentes hoje se tivéssemos tido coragem de enfrentar todos os desafios que a vida já nos deu. Uma pessoa corajosa não é aquela que não sente nada, mas aquela que segue mesmo sentindo medo.

Tem horas em que a vida é um grande e escuro túnel, por onde caminhamos sem lanterna e sem uma vela para iluminar o nosso caminho. Não tem lanterna, nem vela, nem vagalume. Quem nunca teve medo não sabe o que é ter coragem.

Ser corajoso é olhar para os obstáculos com vontade de vencer, independente do que nos seja exigido no momento. Ser corajoso é ter determinação, que faz com que tenhamos coragem de enfrentar os desafios com a certeza de que, mesmo que ao passarmos por um túnel escuro de nossas vidas, é inevitável a queda e que isso nos provoque dor, mas tudo passará. Como diz um velho ditado: "Não há bem que nunca acabe ou mal que dure para sempre".

SOBRE TER ESPERANÇA!

Ter esperança é acreditar que alguma coisa muito desejada vai acontecer, como diz o ditado popular: "A esperança é a última que morre". Quando queremos algo, temos esperança de que algo aconteça e costumamos pensar na esperança sempre como uma coisa boa.

Ter esperança é crer profundamente que bons tempos virão, mesmo que não consigamos vê-lo claramente. Mesmo em meios às adversidades, podemos sonhar e sermos felizes! Jesus já falou a esse respeito há mais de dois mil anos: "No mundo haveis de ter aflições. Coragem! Eu venci o mundo" (Jo 16,33). Jesus quis dizer que cada dia é único, mesmo que seja repleto de coisas aparentemente iguais. Nós também somos únicos, mesmo que, às vezes, nos tratem como iguais.

O que fazer, por exemplo, diante das perspectivas frustradas, quando os sonhos parecem cada vez mais distantes, quando as perdas parecem maiores que os ganhos e os erros superiores aos acertos e passamos a ver as coisas de forma pessimista, paramos de acreditar em nós mesmos?

Então, vem a desesperança, que nos mata aos poucos, porque uma pessoa sem esperança fica completamente perdida, sem forças, a mercê do inimigo e sem nenhum poder de reação.

Como não perder a esperança quando tudo parece perdido? A nossa fé em Deus, continuar lutando e crendo que Ele não desampara aqueles que Nele esperam, que no momento certo a Sua intervenção virá e tudo aquilo que imaginamos sem solução se resolverá.

Nossa fé em Deus nos dá a certeza de que ELE está no controle de tudo e nos faz crer que não importa o quanto a noite seja escura, sempre haverá um amanhecer. Ele sabe que podemos suportar a desesperança e crer que ELE deseja que sejamos um exemplo para outras pessoas que também pensam em desistir.

NÃO ESPERE A ÁGUA
ESQUENTAR

"Se você puser um sapo em uma panela, enchê-la com água e a colocar no fogo, vai perceber uma coisa interessante: o sapo se ajusta à temperatura da água e permanece lá dentro. E continuará se ajustando enquanto a temperatura da água vai subindo. Quando a água atingir o ponto de fervura, o sapo tentará saltar para fora da panela mas não conseguirá, pois se ajustar às mudanças de temperatura o deixarão cansado. Alguns dirão que o que matou o sapo foi a água fervente. Mas, na verdade, o que matou o sapo foi a sua incapacidade de decidir quando pular fora".

Essa fábula ficou mundialmente conhecida através do livro *A Quinta Disciplina,* de Peter M. Senge. Essa fábula é um espelho da nossa vida, de como as coisas vão acontecendo gradualmente e a gente vai se acomodando. Ela também nos mostra que, quando uma mudança acontece de modo sutil e lento, perdemos a consciência, não despertando em nós nenhuma reação, oposição ou revolta.

Hoje, em nosso país, são feitos ataques contínuos às liberdades individuais, à dignidade, à integridade da natureza, em nome do progresso, da ciência e do lucro.

Como a água da panela que vai fervendo,

as mudanças de caráter ético são feitas lenta e continuamente com a cumplicidade constante de nós, vítimas desavisadas, até chegarmos ao ponto de não sabermos mais como nos defender.

Nós, brasileiros, temos uma grande capacidade de adaptação, assim como o sapo. Mas, aquilo que é um fato positivo também pode ser nossa maior fraqueza. Essa nossa capacidade, muitas vezes, nos prende em nossa zona de conforto, nos ilude como uma falsa sensação de segurança e estabilidade e entramos na situação de mansinho, ajustando dali e cedendo aqui, e quando nos damos conta... já estamos fervidos dentro d'água.

Não percebemos que tudo de ruim que está acontecendo com o povo brasileiro está diretamente ligado aos desmandos dos políticos. Pouco a pouco, vamos perdendo o que resta daquilo que foi conseguido com o nosso suor.

Se consentirmos que as pessoas nos explorem física, emocional, financeira, espiritual ou mentalmente, elas vão continuar fazendo isso. Precisamos decidir o momento certo de saltar! Vamos saltar enquanto ainda temos forças. Não se trata de fugir, mas de saltar, enfrentar a situação e pensar nas soluções que existem.

Chega uma hora em que é preciso pular pra fora dessa água que queima. Será que precisamos sentir na pele, para termos coragem de reagir? Vamos esperar a água esquentar? Não podemos deixar a água fervendo nos destruir ou esperar que, por um milagre, ela esfrie! Chegou a hora de pular fora. Não espere a água esquentar!

NATAL É TEMPO DE ESPERANÇA!

Esse dom divino que nos liberta e nos faz sentir o poder da renovação. É uma palavra tão forte, que faz movimentar céus, mares e montanhas, nos devolve a fé há muito perdida e o ânimo para viver. Natal é tempo de lembrar da confiança e **esperança** que Deus coloca em cada ser humano para um mundo melhor, pois Deus não perde nunca a **esperança** no ser humano.

Deus sabe que, quando temos esperança, temos coragem de criar expectativas positivas, que sempre haverá uma saída, que não há mal que dure para sempre, que a qualquer momento coisas boas podem acontecer. E o impossível se torna possível, porque somente no coração de quem tem esperança acontecem milagres. Manter a esperança viva é a maior prova de força que uma pessoa pode dar a si mesmo.

Deus sabe que ter **esperança** não é só ser otimista, é mais: é aumentar nossos horizontes, é ter confiança de nossas capacidades e é crer que somos capazes de prosperar, principalmente, como seres humanos.

Sabe exatamente que ter **esperança** não é apenas acreditar que sairemos vencedores nas nossas crises, sejam elas financeiras, emocionais, sociais ou de saúde.

Esperança envolve, principalmente, assumir riscos, é se lançar além do esperado. Esperar é confiar que tudo envolve trabalho, nada é de graça, que é preciso arregaçar as mangas e, assim, seremos capazes de superar, fazendo sempre um pouco mais.

Natal é tempo de renovar nossas esperanças. A esperança de sermos melhores trabalhadores, filhos, pais, amigos, família, cidadãos, enfim, melhores pessoas. Viver e celebrar a fé no Natal é reacender e renovar a **esperança** de dias melhores para a nossa vida e para a vida dos que convivem conosco.

É Natal. Tempo de renovamos nossas esperanças de que Deus ainda acredita no ser humano! Deus não desistiu da humanidade e continua ao nosso lado esperando uma chance para mudar nossas vidas.

Ele acredita no nosso potencial, na nossa capacidade de amar, de superar, dar mais um passo na direção dos sonhos que Ele mesmo plantou em nossos corações, desde o primeiro momento de nossa existência.

Deus sonha e deseja nossa felicidade. "Sei muito bem do projeto que tenho em relação a vós. É um projeto de felicidade, não de sofrimento: dar-vos um futuro, uma esperança!" (Jer 29,11).

FELIZ LIVRO NOVO!

Dia desses, conversando com meu marido sobre as festas de final de ano, fiz a seguinte pergunta: O que você faria se no dia 31 de dezembro, às 23h45min., Deus viesse até você e lhe entregasse um livro com 365 folhas em branco, para que escrevesse sua história, mas teria que fazer isso sozinho, sem ajuda Dele e de ninguém?

Meu marido me respondeu que devolveria pra Deus, pois sem a ajuda de Dele e dos outros, não teria sentido a sua história! Sabias palavras!!

É verdade, a cada novo ano, Deus, o dono do tempo e da eternidade, do hoje e o amanhã, o passado e o futuro, nos dá uma oportunidade para continuar ou recomeçar a escrever a nossa história de vida.

Mas... na história da nossa vida precisamos de personagens, não andamos sozinhos, somos o conjunto de tudo o que está ao nosso redor. Há caminhos que se completam, que se cruzam, que se interligam, com aclives e declives, o essencial é saber por onde se anda e que ninguém é igual ao outro.

Somos um pouquinho da vida de nossos pais e avós, dos nossos amigos, irmãos, filhos, netos. Nossas vidas estão interligadas, nossas histórias são parecidas. Com isso, sentimos empatia com os problemas, com as alegrias, com os medos, com coisas que nos acontecem, com a alegria de cada vitória, com a dor das perdas, com o sofrimento, com as emoções, com os amores, com as decepções.

Em 2021, podemos continuar ou recomeçar

109

a escrever nossa história de vida. Isso depende de nossas escolhas. Não andamos porque existe um caminho, é andando que se constrói o caminho, a nossa história de vida é uma caminhada de acontecimentos.

Então, um novo ano está chegando! Novamente, Deus, pela sua infinita bondade e misericórdia, nos oferece uma nova folha em branco, para que escrevamos uma nova história, pois ao longo de 2020 escrevemos histórias recheadas de bênçãos, batalhas, mas também vitórias. Que o ano 2021 seja repleto de novas histórias recheadas de bênçãos, batalhas e vitorias, e a cada dia que olharmos para trás, sintamos orgulho da nossa história.

FELIZ LIVRO NOVO!

ESCUTAMOS, MAS NÃO OUVIMOS

Li um texto de Rubem Alves muito interessante com o título **"Escutatória"**, que trouxe uma reflexão sobre como sempre vemos anunciados cursos de oratória para falar bem em público. Todo mundo quer aprender a falar, mas ninguém quer aprender a escutar.

Há muita verdade nisso. Vivemos em uma sociedade em que nem sempre interessa o que os outros têm a dizer, porque a única coisa que conta é aquilo que nós achamos, já que no mundo barulhento em que vivemos, com pessoas fazendo barulho a todo tempo, ninguém quer parar, olhar e escutar.

Vivemos em uma sociedade na qual nem sempre interessa o que os outros têm a dizer, porque a única coisa que conta é a nossa opinião.

Ouvir é diferente de escutar; implica escutar de modo inteligente e comprometido. Escutar é o uso puro e simples do sentido da audição.

Ouvir é muito mais profundo, pois envolve a pessoa por inteiro e é um processo ativo, ao contrário do que a maioria das pessoas pensam ser.

Somente quando sou capaz de ouvir o outro, consigo abrir a porta para que o outro se comunique comigo. Quando silencio e ouço, estou indicando para o outro que: "vou estar aqui, presente ao seu lado, ouvindo o que você tem a me dizer".

Quanto mais desenvolvermos a habilidade de ouvir os outros, maior a probabilidade de prestar atenção nas necessidades das pessoas que estão à nossa volta.

Como diz Rubens Alves: "Não basta ter ouvidos para ouvir o que é dito. É preciso também que haja silêncio dentro da alma...", não posso ouvir se o meu interior está agitado.

Quem sabe ouvir percebe até o seu silêncio, até o gesto mais sutil de quem está a sua frente, porque falar é uma necessidade, mas ouvir é uma arte que nem todo mundo domina.

MUITO DO MAL É FEITO NO MUNDO POR GENTE BOA, QUE NÃO SABE QUE NÃO É VERDADEIRAMENTE BOA

Existe uma espécie de lagartixa que tem como seu prato preferido os ovos de formigas! Para atrair as formigas, ela se finge de morta e do seu corpo desprende um líquido verde e doce.

Ela fica ali, imóvel, até que as formigas, guiadas pelo aroma doce de seu corpo, a levem para o formigueiro. Depois que ela está lá dentro, dá o bote! Come todos os ovos das formigas. Arrasa com o formigueiro e sai com a "pança" cheia, toda satisfeita por ter conseguido seu intento.

No próximo mês, todos nós brasileiros devemos ir às urnas para escolher os governantes nas esferas estadual e federal. O voto é a forma legal de expressar a nossa vontade para escolher quem nos representará no governo, de nosso estado e do nosso país.

Estamos passando por uma das piores crises da nossa história. A taxa de desemprego continua aumentando, escândalos de corrupção com detalhes impressionantes.

As autoridades não respeitam e não cumprem as leis e as garantias da nossa Constituição Federal. O país vive afundado em um grande oceano de corrupção e violência avassaladoras. São tantos corruptos dirigindo a nação, que o povo põe em dúvida a virtude, zomba da honra e sente vergonha de sua honestidade.

Quantas lagartixas já colocamos no poder, guiados pelo aroma doce que desprendem delas, arrasando depois com nosso formigueiro?

Não percebemos que tudo de ruim que está acontecendo com o povo brasileiro está diretamente ligado aos desmandos dos políticos.

Pouco a pouco, vamos perdendo o que resta daquilo que foi conseguido com o nosso suor, tudo porque colocamos as lagartixas no poder.

Há uma forte mobilização popular nas redes sociais ou nas ruas, todos tentando debater o futuro do país e dando a sua opinião sobre ele.

Penso que mais do que opiniões e debates, temos que ser protagonistas da nossa própria história. Se consentirmos que as pessoas nos explorem física, emocional, financeira, espiritual ou mentalmente, elas vão continuar fazendo isso. Precisamos decidir se queremos ou não lagartixas no poder.

Elas, as lagartixas, sempre vão parecer dóceis e imóveis, mas devemos nos lembrar que: "***muito do mal é feito no mundo por gente boa, que não sabe que não é verdadeiramente boa***".

O AMOR JAMAIS ACABA

O amor jamais acaba! Não adormece, possui uma força descomunal, é eterno porque Deus é eterno.

O AMOR JAMAIS ACABA! Porque é **paciente,** nos faz ter paciência para que as coisas aconteçam no tempo certo, paciência com os outros e conosco, com as circunstâncias, a **paciência** nos permite observar como o mundo funciona e entendê-lo um pouco melhor. É termos um momento para ouvir, entender e esperar.

O AMOR JAMAIS ACABA! Porque é **bondoso,** é aceitar o outro como ele é, com todas as suas qualidades e defeitos. É ter uma natureza voltada ao bem sempre, pensando no bem-estar do outro, como Deus pensa nos Seus filhos. É saber fazer o outro feliz e isso implica em respeito pelas suas vontades e necessidades.

O AMOR JAMAIS ACABA! Porque não é **ciumento,** o ciúme tem sua raiz no egoísmo, quando pensamos e agimos com interesse em nós mesmos. É um sentimento doloroso que machuca o coração dos que o sentem, levando-os além do controle de suas emoções. O ciúme é egoísta e possessivo. Mas o amor é extremamente generoso.

O AMOR JAMAIS ACABA! Porque é **humilde**. O amor se dá sem pedir condecorações pelo seu ato de doação e bondade. Não se orgulha de ter feito o bem, não fica contando seus feitos para todo mundo. O amor não precisa de demonstrações exageradas de afeto ou de grandes presentes, pelo contrário, o amor é uma semente pequena que precisa ser semeada, adubada e regada todos os dias. É humilde porque, ao mesmo tempo, nos faz grandes, pois a grandeza de uma pessoa é medida pela lealdade do coração e a humildade da alma.

O mundo não sabe o que é amar, muito menos o que significa o amor, razão pela qual temos presenciado tanta miséria, fome, guerras, e toda a sorte de destruição e caos por todos os quatro cantos da Terra. O amor que este mundo tem cultuado é o apego ao dinheiro, a pessoas, coisas, e a si próprio.

O amor não tem preconceitos nem fronteiras, ele é altruísta. O amor pensa nos outros, mais do que em si mesmo. O amor tem mais prazer em dar do que em receber.

Na verdade, perdemos o que retemos e possuímos o que damos. A semente que comemos ou guardamos não pode se multiplicar. Por isso o amor jamais acaba!

O GRANDE BARATO DA NOSSA VIDA É OLHAR PARA TRÁS E SENTIR ORGULHO DA NOSSA HISTÓRIA

Dia desses, ao entrar no carro, ajeitando o banco e o retrovisor, lembrei de uma frase que dizia: ***"sabe porque o retrovisor é menor que o para-brisa? Porque o caminho que tens à frente é mais importante que o que deixou para trás"***.

Mas... penso que olhar para trás, as vezes, tem seu lado bom, pois assim como olhamos o retrovisor enquanto dirigimos, conseguimos dirigir com mais segurança, desviando dos erros.

Vez em quando, é bom olhar no retrovisor de nossa vida e ver os obstáculos que já superamos, o quanto já aprendemos e crescemos, percebendo a profundidade, a riqueza e o poder da bondade de DEUS, que olha por nós em todos os dias da nossa vida e tem o controle de tudo. Olhar para trás, às vezes, é necessário, para vermos que nada podemos fazer sem Deus.

Olhar para trás, pelo espelho do retrovisor da nossa vida, nos leva a aprender, a avaliar os resultados das nossas decisões, ações e posturas do passado, só assim podemos saber com mais segurança como seguir, com um novo olhar, para as coisas que estão à nossa frente.

Como diz Clarice Lispector: ***"Eu prefiro olhar para trás e dizer: Eu não posso acreditar que fiz isso. Do que dizer: Eu gostaria de ter feito isso***".

Precisamos olhar para trás no retrovisor de nossa vida, para saber onde estivemos e, ao olharmos o para-brisa, saber aonde vamos. Olhar para trás com saudades é sinal de que nossa vida foi bem vivida e de que sentimos orgulho da nossa história.